·教育部上海外国语大学中德人文交流研究中心项目·

CHINESISCHE 中国人的 ZEITBILDER 时间图像

[德] 埃里希·蒂斯 ERICH THIES 著

马绎 刘媛 译

同济大学出版社
TONGJI UNIVERSITY PRESS

图书在版编目(CIP)数据

中国人的时间图像 / (德) 埃里希·蒂斯 (Erich Thies) 著; 马绎, 刘媛译. -- 上海: 同济大学出版社, 2018.9
ISBN 978-7-5608-8058-7

Ⅰ.①中… Ⅱ.①埃…②马…③刘… Ⅲ.①时间—观念—研究—中国 Ⅳ.①C935

中国版本图书馆CIP数据核字(2018)第174174号

中国人的时间图像

[德] 埃里希·蒂斯 (ERICH THIES) 著 马绎 刘媛 译

责任编辑	吴凤萍
助理编辑	蒋烨欣
责任校对	徐春莲
书籍设计	Blueyesiss蓝眼岛屿
出版发行	同济大学出版社
	(上海市四平路1239号 邮编:200092 电话:021-65985622)
经　　销	全国各地新华书店
印　　刷	上海丽佳制版印刷有限公司
开　　本	787mm×960mm　1/16
印　　张	5
字　　数	100 000
版　　次	2018年9月第1版　2018年9月第1次印刷
书　　号	ISBN 978-7-5608-8058-7
定　　价	69.00元

本书若有印装质量问题,请向本社发行调换

„*Die Zeit geht über unser Leben dahin*
Wie Schatten von Wolken über eine Landschaft ziehen."

„*Wir gehen an das Ende der Wasser*
Und schauen aus uns den Flug der Wolken."
WANG Wei, 701 – 761

Vorbemerkung

Häufig und vor allem über längere Zeiträume in China zu sein, bringt Erfahrungen mit sich, denen man sich kaum entziehen kann. Eine der zentralen und faszinierenden Erfahrungen ist die Differenz im Umgang mit Zeit. Allerdings bedarf es eines offenen Blicks und des genauen Hinsehens, denn das China, das sich modern versteht, unterscheidet sich in nichts von dem Zeitverständnis, das auch unseren Umgang mit Zeit prägt: Die gemessene Zeit, der wir uns unterwerfen müssen, wenn wir alltagstauglich sein wollen – und die das Gegenteil von dem ist, was man als Bewegung mit „gemessenem Schritt" versteht – , und die Zeit, die unser Leben bestimmt, wenn wir ihrem eigenen Verlauf im Rhythmus des Malens, Denkens, Schreibens, Sprechens, Spielens, Tanzens, der Musik, ja, auch dem zyklischen Wechsel der Jahreszeiten und des Lebens und Sterbens von Menschen folgen. Lebensformen, die ein Erleben von Zeit möglich machen, das nicht durch die abstrakt definierte Zeit eines Chronometers bestimmt ist, sondern durch eigengesetzliche und deshalb ganz verschieden bestimmte Zeitverläufe. Auch sie sind Zeit. Es sind Figuren, in denen wir leben.[1] Und Figur meint nicht nur äußere Form, sondern auch innere Verfassung und lebendigen Ablauf: wie die Figur des Tanzes oder die Figur einer Rede oder meines Denkens. Sie unterscheiden sich von der durch die Uhr gemessenen Zeit dadurch, dass sie Anfang und Ende haben und in ein Leben eingebettet sind, ohne es jedoch wie *die Zeit* äußerlich zu bestimmen.

Im chinesischen Alltag, in chinesischer Philosophie, in Chinas Gedichten werden sie als Teil von Kultur sichtbar. Allerdings ist es ein Erleben von Zeit, das uns fremd geworden ist und das in China dabei ist, sich noch rasanter als bei uns aus dem Leben der Menschen zu entfernen – eine zerstörerische Furie des Verschwindens, wie Hegel das Untergehen einer Epoche in einer neuen plastisch bezeichnet.² In Shenzhen, einer neuen Industriemetropole Chinas, stehen Schilder: „Zeit ist Geld, Effizienz ist Leben". Deutlicher lässt sich der Wandel im Zeitverständnis Chinas nicht formulieren.

Aber warum gerade China? Der Verlust an vielfältigen Möglichkeiten, Zeit zu leben, tritt dort im Aufeinanderprallen zwei extrem verschiedener Formen des Umgehens mit Zeit eindringlich hervor. Das Zugleich extrem verschiedener Formen, Zeit zu leben, macht es leichter, etwas deutlich zu machen: nämlich an Szenen und auch Gedichten aus China zu zeigen, wie wir mit der objektiv dauerhaft verrinnenden Zeit in unserer subjektiv einzigartigen Lebenszeit umgehen oder umgehen könnten. Das Ganze wird nicht mit wissenschaftlichem oder historischem Anspruch geschrieben. Schon gar nicht ist leistbar, Einstein und seine Allgemeine Relativitätstheorie auch nur entfernt angemessen einzubeziehen; auch wenn sein Name im Text auftaucht und die Verformung von Zeit und Raum in die Nähe von Chinesischen Zeitbildern einer kreisförmigen Zeit rückt. Der Text dilettiert hier auf schmalem Grat.

Er soll vielmehr auf den drohenden Verlust einer Vielzahl lebendiger Zeitmaße aufmerksam machen und zwar mithilfe von erzählten Zeitbildern und dem ihnen eigenen Wahrheitsgehalt des Anekdotischen. Die im Anekdotischen verstehbare Wahrheit ist nicht die der Begründung und Argumentation, sondern eine, die sich erzählend nähert, die beschreibt und zeigt und dann einleuchtet – oder eben auch nicht. Vielleicht die einzig mögliche Form, über das zu sprechen, was gemeint ist.

Erich Thies
Shanghai und Berlin

"时间划过我们的生活,像云影掠过一方景色。"

"行到水穷处,坐看云起时。"——王维(701-761)

前言

有一些体悟,是常到中国去且久留之人难免会有的。一种重要的、独具魅力的体会是**对待时间的别样方式**。当然,这需要以开放的眼光,作细致的观察,因为中国将自身理解为"现代的",与我们理解时间的方式毫无差别:所谓时间,乃是被度量的时间,我们若想应付日常生活就必须服从于它;但与人们所理解的"走得分毫不差"的时间相反,我们还遵循着另一种时间,绘画、思考、书写、说话、游戏、舞蹈、音乐等的节奏,是的,还有四季的轮回,乃至人的生与死,这种时间决定了我们的生活。多样的生活形式让人能够体验时间,这种体验并不为计时器抽象定义的时间所规定,而是有其**自身规律**,因此是截然不同的方式所规定的时间进程。这也是时间,"**是我们生活于其中的一个个'形象'**"[1]。这里所谓"形象",不仅指外在形式,也指内心状态和生命过程:如舞蹈的形象、一番话语的形象、我的思想的形象。这些都不同于计量的时间,因为它们有始有终,嵌入生活之中,而非如外部时间一样固定生活。

在中国人的日常生活中,在中国哲学和中国诗歌中,这些形象体现为文化的一部分。这种时间体验对于我们而言已变得陌生,但在中国依然存在,却比我们这里更为迅速地远离人们的生活——即黑格尔所谓的"**制造毁灭的狂暴**",他以此形象描述一个时代被另一个时代所淹没的情形[2]。在中国新兴工业化大都市深圳树立着标语牌"时间是金钱,效率是生命"。中国对时间理解的转变无法比这体现得更明确了。

然而为何偏偏是中国?在那里,两种对待时间极为不同的方式相互碰撞,经验时间的丰富可能性在这个过程中明显流失。两种不同方式的并存,让这问题更加清楚:通过中国的生活情景和诗歌,来展现我们在主观上独一无二的生命时间中如何对待客观不断流逝的时间。本书无意探讨自然科学和历史。即使爱因斯坦的名字在书中出现,而他对时间与空间的塑造接近中国的环形时间图像,我们的讨论也不可能涉足广义相对论,即便只是点到为止。有鉴于此,本书难免铤而走险。

我们应当注意到丰富而生动的时间度量正面临消失的危险,并且凭借所叙述的时间图像及其特有的轶事获得真实内容。在轶事中可理解的真实并非论证的真实,而是以叙述的方式接近、描述、展现,然后澄明——或者亦并非如此。这也许是谈论此话题唯一可能的形式。

埃里希·蒂斯
写于上海与柏林

Inhalt

I	Bilder		11
II	Bilder und Sprache		14
III	Chinesische Parks		18
IV	Flüchtige Kalligraphien, verwehende Zeichen		22
V	Vergehen und Bleiben		26
VI	Wiederholen von Zwischenzeit		28
VII	Rahmen und Perspektive, Zeiträume und Zeitträume		30
VIII	Selbstvergessene Zeit – Geheimnis von Glück?		32
IX	Zeit der Siheyuan und Hutongs und ihr Verschwinden		36
X	Eingefrorene Zeit und ihre Gewalt		40
XI	Zeitnot und reich an Zeit		44
XII	Zeit des Kreises, Unendlichkeit und ein Augenblick		46
XIII	Zeit als Zentrum, Zeitfläche und Linie		50
XIV	Gemessene Zeit und Zeitzyklus		54
XV	Die Zeit erinnerter Augenblicke – verformte Zeit		60
XVI	Zeitklage alter Männer		66
XVII	Zeitenende und Wendezeit		70
XVIII	Zeit: Wandel und das Beständige. Individuum und Sozialität		74
Anmerkungen			80

目录

一	图像	11
二	图像与语言	15
三	中国公园	19
四	转瞬即逝的书法，正在消失的文字	23
五	消逝与留存	27
六	间隔时间的重复	28
七	框架与视角，时段与遐思	30
八	忘我的时间——幸福的奥秘所在？	33
九	四合院与胡同的时间及其消失	37
十	凝结的时间与其力量	41
十一	时间的紧迫和充裕	44
十二	环形的时间，无穷尽和一瞬间	47
十三	时间作为中心点，时间面和线	51
十四	被度量的时间和时间循环	55
十五	回忆瞬间的时间——变形的时间	61
十六	老人的时间之叹	67
十七	时间尽头和转折时刻	71
十八	时间：变化和恒常，个体和社会性	75

I Bilder

Die Zeit gibt es nicht; und eigentlich ist bereits alles über sie gesagt. Aber man kann versuchen, Zeitbilder zu beschreiben: zum Beispiel in China gesehene und erlebte Zeit. Durch Bilder fassen wir zusammen. Bilder, die zusammenfassen, zeigen mehr als das, was wir unmittelbar sehen, denn es sind keine Abbilder, sondern sie spiegeln unsere Art zu leben, wie wir unser Leben verstehen, was wir wollen oder ersehnen und was wir meiden oder verabscheuen. Mit Zeitbildern versuchen wir, etwas zu verstehen und es anderen verständlich zu machen; durch Zeigen und Beschreiben. Chinesische Zeitbilder zu beschreiben, heißt, in eine fremde Welt hineinzugehen, genau genommen in eine Welt, die uns fremd und vertraut zugleich ist. Fremd, weil Kultur und Sprache so weit entfernt zu sein scheinen, vertraut, weil alle Menschen überall auf der Welt nur *ihre* Lebenszeit haben und viele, vielleicht sogar die meisten archetypischen Situationen, in denen Menschen Zeit auf besondere Weise erleben, gleich sind – Geburt und Tod, Krankheit und Genesung, Glück und Unglück, Sich-Verbinden und Sich-Trennen, Ankunft und Abschied. Alles Momente unserer langen kurzen Zeit. „Die Zeit" bezeichnet künftig unser Verständnis gemessener Zeit im Unterschied zu der mit Chinesischen Zeitbildern beschriebenen gelebten Zeit. Zugleich überlappen sich beide, und das gilt für China ebenso wie für das Verständnis von Zeit in westlichen Ländern.

一 图像

"时间"其实并不存在，其实关于"时间"的一切都已说尽了。但是可以尝试着描述时间图像：例如在中国可见、可经验的时间。通过图像，我们能够总结。总结性的图像展现的比我们表面上看到的更多，因为那并非是映像，而是反映了我们生活的方式，我们理解生活的方式，我们想要得到或者渴盼什么，以及我们的逃避或畏惧。我们尝试利用时间图像来理解事物，尝试通过呈现与描述让他人去理解。描述时间图像，这意味着走入陌生世界，具体而言，是进入一个于我们而言既陌生又熟悉的世界。陌生，是因为文化与语言似乎离我们如此遥远；熟悉，是因为世界上所有人都只有**自己的**生命时间。许多，或许甚至是大部分以特殊方式经验时间的原型情境都是相同的——生与死，疾病与康愈，幸福与不幸，联结与分散，抵达与离别。所有一切都是我们漫长而短暂的时间元素。"**时间**"接下来指的是我们所理解的可度量的时间，以便与中国的时间图像所描述的经验时间相区分开。同时二者也相互**交叠**，这既适用于中国，也适合西方国家对时间的解读。

Der Unterschied der Sprachen und ihrer Ausdrucksformen, in denen wir versuchen, das, was Zeit ist, uns und Anderen verständlich zu machen, ist dagegen immens – bildhafte Näherung wie in China oder zergliederndes Festhalten wie in westlichen Sprachen. Deshalb lässt der Historiker Carl J. Burckhardt den chinesischen Mandarin im „Gespräch in Peking" zu seinen westlichen Gesprächspartnern auch sagen: „Alles Mißverständnis unter den Menschen kommt aus der Verschiedenheit des Verhältnisses, das sie zum Begriff der Zeit haben ... Ich, was mich betrifft, halte mich an die Bilder, die unendlichen, in denen ich mit den Gewesenen, mit den Mächten der Natur kommuniziere, und in denen ich mich den höchsten Wesen in Demut und verhüllt zu nähern wage".³

Kommunizieren heißt hier nicht Gespräch mit mir selbst wie in der Wissenschaft oder mit anderen Menschen wie in unserer alltäglichen Lebenspraxis, nicht Erkenntnis oder Austausch, sondern Teilnahme und Teilhabe. Gemeint ist Teilhabe *in* Bildern, nicht *mit* Bildern wie einem Instrument; und dieses nur mit gesenktem Blick und unkenntlicher Figur. Ich, als meine selbst bewusste Person muss dafür hinter mich zurücktreten. Und werde dadurch nicht weniger als zuvor, verliere nichts, sondern öffne eine kulturell bereits vorhandene Gemeinsamkeit in Bildern, in der meine Individualität ihre für unsere Lebensweise zentrale Bedeutung verloren hat.

Schwierig ist deshalb die Aufgabe, mit dem festgelegten Instrument der (deutschen) Sprache etwas deutlich machen zu wollen, was sich seiner Natur nach diesem Instrument entzieht. Die Sätze unserer Sprache sind logisch aufgebaute Konstrukte, deren Bedeutung mit Hilfe einer Satzkonstruktion und innerhalb ihrer strukturierten Form verstanden wird; selbst, wenn ihre Bedeutung sich nur im Zusammenhang mit der Situation oder dem Kontext erschließt, in dem sie gesprochen werden. Unsere Sprache verlangt ein zugrunde liegendes, reflexiv sprechendes Ich und gliedert nicht nur in Subjekt – Objekt – Prädikat, sondern legt zugleich auch das Zeitgefüge fest, in dem wir uns gerade bewegen; Gegenwart – Vergangenheit – Zukunft. Unsere grundlegende Absicht dabei ist, eindeutig zu sein. Dagegen erfassen chinesische Zeitbilder in der heutigen Sprache wie auch in den herangezogenen, meist viele Jahrhunderte alten Gedichten keine zergliederte und gemessene Zeit. Ihre Bedeutung gewinnen sie durch historisch assoziierte und assoziierende Bilder, durch Metaphern, die sich zu einem Gesamtbild zusammenfügen. Die Bedeutung chinesischer Zeichen reicht mehrfach über das Zeichen selbst hinaus. Sie machen eine Mehrzahl von verschiedenen Deutungen, sogar verschiedene Deutungshorizonte möglich, ja, fordern sie sogar, wenn man das Gemeinte verstehen will. Bildhafte und lyrische Sicht sind deshalb eng miteinander verbunden – beide vereinen Spektren unterschiedlicher Bedeutungen, ohne dadurch diffus zu werden. Um Zeitverständnis in China zu beschreiben, bietet sich an, auf klassische chinesische Gedichte zurückzugreifen, weil ihnen wie auch dem Schreiben von Gedichten im kulturellen Selbstverständnis Chinas eine bis heute zentrale Funktion als kulturell und gesellschaftlich bedeutsame Lebensform zukommt.

Chinesische Zeitbilder erinnern eher an in sich ruhende, in sich kreisende und sich darin anreichernde, kontemplativ-zeitlose Zeitbewegungen. Sie erinnern uns deshalb, weil wir sie kennen, aber fast vergessen haben, an ein ganz anderes Zeiterleben, eines, das man in China noch finden kann, obwohl es auch dort droht, von einem eindimensionalen, *quantitativ* definierten, linearen Zeitleben rasant verdeckt zu werden. In dem, was ich mit Chinesischen Zeitbildern verbinde, gibt es keinen Fortschritt, sondern schier unendlich viele Möglichkeiten der Wiederholung von Zeitabläufen. *Zeit* wird in ihnen aufgehoben und zwar durchaus im Hegelschen Sinne: sie bleibt zwar unendlich verlaufende Zeit, wird aber in den ebenso unendlich möglichen Wiederholungen von erlebten Zeitabläufen zu etwas Anderem und gewinnt so eine neue Qualität für den Verlauf meines endlichen Lebens.

我们尝试利用语言及其表达形式向自己和他人阐释时间的概念，然而不同语言与其表达形式之间的区别是巨大的——或者如在中国那样形象生动的近似描摹，或者如在西方语言中那样分割化的精确记录。因此，历史学家卡尔·雅各比·伯克哈特在《北京会话》中让中国官员对他的西方对话伙伴说："人类一切误解都源自他们对时间概念的不同理解……就我个人而言，我坚持无尽的图像，在其中我们与存在物、与自然的力量交流，在其中我敢于谦恭而委婉地接近最高本质"。(3)

交流在这里并非指科学中与自己的对话，也非日常生活中与他人的对话，并非认知或交换，而是参与。这意味着**参与到**图像中，而非**将图像作为**工具，仅仅以俯视的目光和不明的形象来操作它。我，作为感知自我的个体，必须为此退到自我身后。却未因此有所减损，而是在图像里开启文化中已存的共性，我的个性在其中失去了对于我们的生活方式尤为关键的意义。

因此，以确定的工具，即德语这门语言来阐释某种依据这项工具已将自身天性破除的事物，这一任务是艰难的。德文语句是建立在逻辑之上的结构，其意义可以依据句子结构，在其结构化的形式**内部**进行理解，尽管也唯有依据与情景或上下文的关联来进行解读。我们的语言要求一种基础的、思索中言说的自我，不仅划分为主体—客体—谓语，同时也确定我们活动于其中的时间结构：现在—过去—未来。我们的基本目的是使之一清二楚。相反，中国的时间图像在今天的语言中，也在所引用的几世纪之前的诗歌中，并非指涉分割和度量的时间。时间图像通过历史中被联想或激发联想的图像，通过将自身组合为一幅图像整体的隐喻来获得意义。汉字的内涵远超过字符本身。它使得不同的涵义，甚至不同的涵义视野成为可能，而当人们渴望理解所言之事时，甚至需要这种可能。因此，形象视角与诗歌视角紧密相连，二者将不同涵义的范畴统一起来，同时并不造成混乱不明。为描述中国的时间观念，需要回溯至中国古代诗歌，因为对于中国文化层面上的自我理解而言，它们就像诗歌创作一样，作为文化与社会的重要生活方式，至今仍具有中心作用。

中国的时间图像指涉内在宁息、转动、积聚、冥想和无时限的时间运动。因为我们认识这样的时间图像（尽管几乎将其遗忘），所以我们能回忆起一种截然不同的时间经历，这在中国仍能体验，虽然在那里这种时间经历正面临被单维度的、以"**量**"来定义的生活迅速掩盖的危险。在我将中国时间图像与之关联起来的内容中，没有进步，而纯粹是无穷无尽的重复**时间**过程的可能性。时间在其中被废止了，并且完全是按照黑格尔的理念：虽然仍是无尽流逝的时间，但在对所经历的时间过程同样无尽可能的重复中，它变了，为我有限的生命过程赢得了**新的质量**。

III Chinesische Parks

Beispiele sollen deutlich machen, was gemeint ist. Parks in China sind besondere Orte: Zeitinseln. In ihnen findet man alte Männer, voller Stolz auf ihre Singvögel, man sieht Menschen, vertieft in gemächliche und auch engagierte Gespräche, Gruppen von Menschen in langsamen, verzögert scheinenden, gleichwohl flüssigen Tai Chi-Bewegungen, ritualisierte Kämpfe und tanzende Paare oder gemeinsam, oft enthusiastisch musizierende Menschen. Chinas Parks erlauben das Verlassen enger Wohnungen, bieten Raum für Gemeinsames auch mit Fremden an und stellen eine interessierte Öffentlichkeit her, die durch Zusehen und Zuhören die Gemeinsamkeit noch verstärkt. Sie sind Privatfriede vor dem Krieg der Straßen. Sie sind voller Menschen ohne die sonst gewohnte Distanz zu Anderen und ohne Scham bei dem, was der Einzelne tut, und darin von sich und seinem Können zeigt.

举例阐明上文所述之事。**中国公园**是特殊的地方：**时间岛屿**。其中有为自己养的鸟儿感到骄傲的老人，也有沉浸于从容不迫的热烈对话中的人，以缓慢、似犹疑又十分流畅的姿态打太极的人群，表演性的武术，跳舞的伴侣，或者时常也有兴致盎然一起演奏乐曲的人。中国公园让人们走出狭窄的住房，为与陌生人的共同活动提供空间，营造一种吸引人的公共场合，旁观与倾听更加强化那种共性。它们是熙熙攘攘大街旁的自由宁静之地。八方之人会聚，相互之间没有那种惯常的距离感，不为个体行为感到羞耻，展现自我所长。

三　中国公园

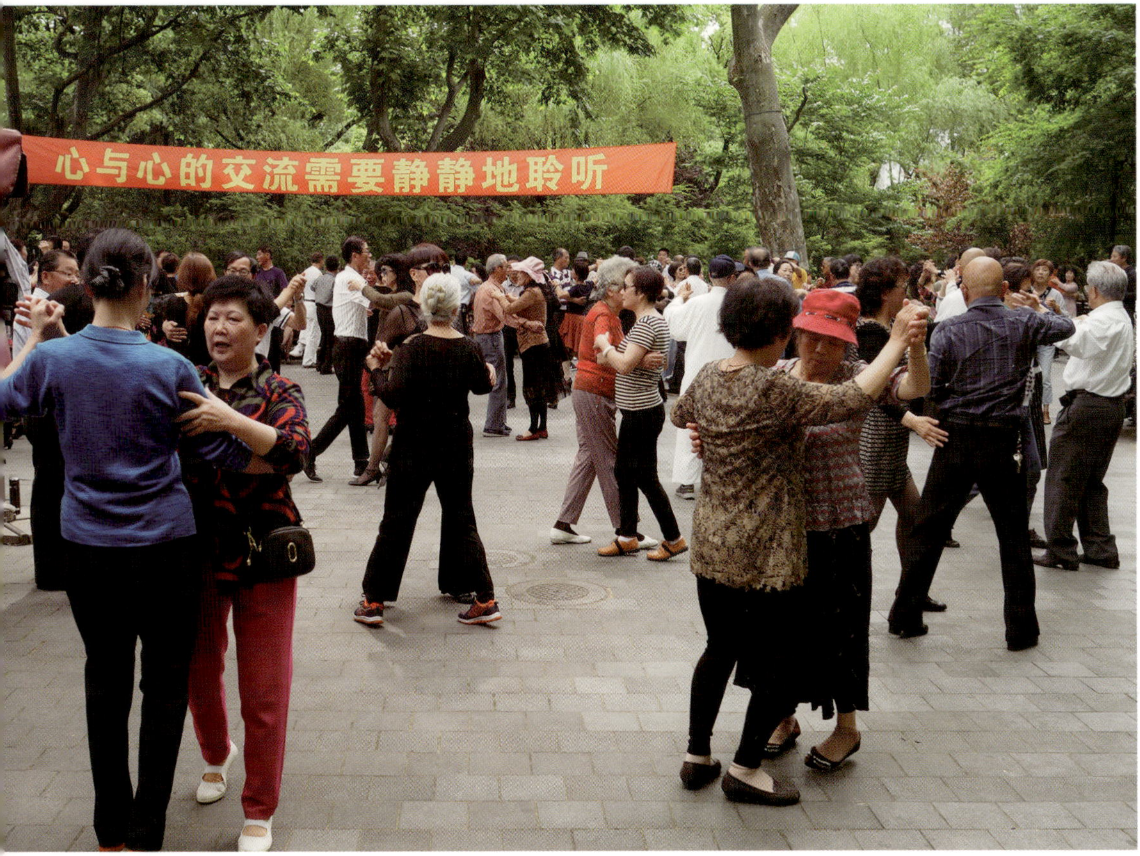
心与心的交流需要静静地聆听

杜绝噪音污染 共创和谐公园

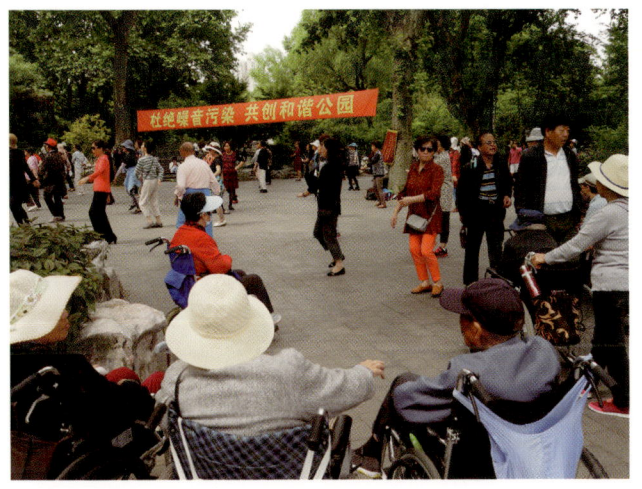

Fast immer sind dort Männer anzutreffen, die mit langen Pinseln und an ihnen befestigten Wasserbehältern Schriftzeichen auf den Boden schreiben. Kalligraphie ist nicht nur die Kunst, ästhetisch anspruchsvoll schreiben zu können, sondern auch eine Lebensform, die eine innere Verfasstheit voraussetzt. Sie erfordert ein Übereinstimmen von Geist, denn es handelt sich um allgemeingültige Schrift, und Körper, der die Bewegungen des Zeichnens ausführt. Der Kunsthistoriker Horst Bredekamp hat versucht, das über das Bild der „denkenden Hand" deutlich zu machen.[4] Die innere Übereinstimmung von Geist und Körper in der Kalligraphie hat für den Betrachter etwas Unwillkürliches und Leichtes, weil sie sich scheinbar von selbst vollzieht. Sie geschieht, ohne durch Reflexion und Nachdenken in sich gehemmt zu werden. Aus diesem Grund passt die Kalligraphie in eine Reihe mit Musik und Malerei – auch als Anforderungen der Kaiserlichen Beamtenprüfungen in China – Konfuzius: „Wenn einer (sein Amt) durch sein Wissen erreicht hat, durch seine Sittlichkeit bewahren kann, bei seiner Ausübung Würde zeigt, es aber nicht entsprechend dem Gesetz der schönen Form bewegt, so ist er noch nicht tüchtig".[5] Das klingt für uns befremdlich, ist es bei genauerem Hinsehen aber eigentlich nicht. Und: wer wünschte sich nicht ein Beamtentum, das durch Können und innere Harmonie zugleich geprägt ist?

Unser Schreiben dagegen soll etwas für mich, meistens aber für Andere festhalten. Es gibt bei uns keine auch nur entfernt mit Kalligraphie vergleichbare Tradition des Schreibens. Selbst wenn Schrift mit Farbe im öffentlichen Raum als Graffiti gesprüht wird, sind es ornamental verzierte, deklamatorische Sätze, manchmal auch nur Namen, die sich verewigen wollen. Sie halten etwas fest, von dem der Schreibende meint, dass es notwendig sei, Anderen dauerhaft und eindringlich von sich mitzuteilen. Die mit flüchtigem Wasser geschriebenen Kalligraphien sind das Gegenteil davon: sie führen vor den Zuschauenden eher so etwas wie einen Tanz oder Musik auf. Beides *vergeht mit* den Bewegungen des Tanzens und den Tönen der Musik. *Nichts davon bleibt.* Außer vielleicht in der Erinnerung.

四 转瞬即逝的书法，正在消失的文字

那里几乎常常聚集着手持长毛笔的男人，身上固定着注水器，在地上写字。书法不仅是高度美学化的书写艺术，而且也是一种以内心状态为前提的**生活方式**。书法要求精神与肉体的统一，前者涉及普遍有效的文字，后者则操控笔画的运作。艺术史学家霍斯特·布雷德坎普尝试以"思考之手"的形象来解释这一现象[4]。书法中的精神与肉体的内在统一在观察者看来随意而简单，因为这貌似是自然而然的，并不受思考的阻碍。出于这一原因，书法与音乐、绘画同属一类，并且在中国古代也作为官员考试的要求。孔子曾说："知及之，仁能守之，庄以莅之，动之不以礼，未善也。"[5]这对我们而言有些陌生，但仔细审查其实不然。谁不盼望获得这样一种兼具才能与内在和谐的仕途呢？

而我们书写的目的是为自己、通常主要是为他人留存下一些东西。我们没有类似于书法的书写传统，即使公共场合会有涂鸦的彩色文字，也只是装饰性的、富于表现力的句子，有时涂鸦仅仅是渴望被永久保留的名字。它们记录一些东西，书写者认为，持续而迫切地与他人分享是必要的。以转瞬消失的水写下的书法与此相反：它为观众展现的内容与舞蹈或音乐相似。两者随着舞蹈的动作和音乐的声音**逝去**。也许除了在记忆中，**什么也没有留下**。

Zeit spielt hierbei also eine entscheidende Rolle. Sie verschwindet im Ablauf. Sie verschwindet genauso wie die mit Wasser geschriebenen Zeichen auf ihrem Grund verschwinden. Sie sollen gar nicht dauern, weil es allein auf den kultivierten und kultivierenden Prozess des Schreibens, die für ihn vorausgesetzte Befindlichkeit des Schreibenden sowie sein Können ankommt. Das Zeichen erscheint nur für die wenigen Augenblicke des Schreibens und zeigt sich dem Schreibenden und dem Betrachter. Es ist flüchtig, wie wir selbst es sind und unsere jeweilige Befindlichkeit.

Wir dagegen kennen vor allem Schrift und Zeichen, mit denen etwas *zeitlos* festgehalten werden soll. Die Möglichkeit verschiedener Deutungen soll dabei gerade ausgeschlossen werden. Wir geben Schrift und Schriftzeichen die Funktion, Sinn und Bedeutung von etwas für Andere eindeutig verständlich zu machen und zwar unabhängig von Zeit und Raum, über Generationen und die Verschiedenheit von Sprachen hinweg. Ohne diese Möglichkeit wäre Wissenschaft und Forschung nicht denkbar. Wiederholbarkeit spielt dabei keine Rolle, sie ist sogar sinnlos. Das Gleiche gilt für den Gedanken des Fortschritts in Wissenschaft und Technik durch ein immer Mehr an Wissen und Fertigkeiten. Und auch Kultur definieren wir eher über Festlegungen, in Museen, im Theater, Konzertgebäude oder Kunsthalle als allein durch viele Menschen realisierte *transitorische* Lebensformen, wie sie in den in chinesischen Parks mit Wasser geschriebenen, flüchtigen Kalligraphien zum Vorschein kommen. Nicht umsonst sind Kalligraphie, Musizieren, Tanzen mit Können verbunden und nicht mit Fertigkeiten. Mit Letzterem bezeichnen wir Handwerk und Technik und deren Erfordernis der Zweckmäßigkeit. In sie geht zwar auch unser Können ein, Können aber verweist darüber hinaus auf die Person, die ihr Können zeigt, zum Beispiel den Künstler, und hat in unseren Zeitbildern auch eine ästhetische Funktion besonderer Art, von der noch die Rede sein wird.

Würden wir unserem Sprachgefühl folgen, hieße es immer „Bleiben und Vergehen", in dieser Reihenfolge. Denn wir begreifen Vergehen als etwas, das Bleibendes Augenblick für Augenblick aufhebt und allmählich verschwinden läßt. Das macht unsere Sprache und wohl auch unseren Wunsch, selbst zu bleiben – wenn es ginge am liebsten für immer. Aber „Vergehen" kommt dem Wesen von Zeit näher und auch unserem Leben als das beim „Bleiben" der Fall ist. Bleiben, Festhalten und möglichst unverändertes Bewahren ist genau genommen ein zwangsläufig scheiternder Versuch gegen den Tod. Sich-Überlassen, die eigene Vergänglichkeit anzunehmen, sich dem Zyklus des Lebens zu fügen und im eigenen Vergehen glücklich zu leben, kennzeichnet eine andere Lebensform. – Festhalten in die Dauer oder dem immanenten Rhythmus von vergehenden Abläufen zu folgen. Oder Beides zu seiner Zeit.

Es könnte sein, dass der in China erlebbare gelassene und behutsame Umgang mit Dingen, die uns beggnen, hier seine Wurzeln hat. Für einen respektvollen und achtsamen, den behutsamen und sorgfältigen Umgang mit Menschen und Dingen brauchen wir eine je eigene Zeit, eine spezifische Zeit, um ihnen gerecht werden zu können – und dies meist *gegen* die objektiv verrinnende Zeit. Auch das kann man in China lernen.

五 消逝与留存

时间在这里起决定性作用。**它在进行中消逝**,像极了水写的字消失于地面之上。这些字也根本不应留存,因为重要的恰恰是书写这一高雅的促进修养的过程,是作为前提的书写者的心理状态和能力。这些字符仅仅出现在**书写的片刻**,展现给书写者与旁观者。它们是转瞬即逝的,正如我们自身和我们各自的心理状态。

而我们只知文字与符号应当**恒久**记录下一些东西。包含不同涵义的可能性应当被排除在外。我们赋予文字与字符功能,向他人表明某事物的意涵,并使其不受时间、空间、时代与不同语言的限制。若没有这种可能,科学研究便是难以设想的。其中可重复性并不重要,甚至是无意义的。这也同样适合于通过知识与技能的累积所达到的科学与技术的进步思想。我们也宁愿通过明确规则,在博物馆、剧院、音乐会场或艺术厅的范畴中去定义文化,而非仅通过许多人**短暂的生活方式**,正如在中国公园里那些用水写下的转瞬即逝的书法文字所展现的。书法、音乐、舞蹈与**能力**相关,而不与**技能**相关,这并非没有缘由。我们用后者来表述手工业、技术及其合理性要求。虽然其中也渗透了能力,但能力还指涉体现能力的个体,例如艺术家,在我们的时间图像中也具有特殊的美学功能,值得我们探讨。

按照我们的语感,有"留存与逝去"的说法,总是按照这样的顺序。因为我们将"逝去"理解为一瞬复一瞬保留着的,被撤销,并逐渐消失。这使得我们的语言和愿望保持自己的原貌——如若可以,最好永远不变。但"逝去"比"留存"更加接近时间的本质和我们的生活。留存、记录以及尽可能原状保留,严格地讲,是面对死亡必然会失败的尝试。自我沉浸,接受自身的短暂易逝,融入到生命循环里,在自身的逝去中幸福地生活,这体现了另一种生活方式。持续留存,或者遵循消逝过程的内在节奏,又或者在合适的时间选择恰当的方式。

也许在中国能感受到的那种**与事物打交道的从容谨慎的方式**,根源就在那里。为了恭敬、小心、谨慎、周到地与人和事物打交道,我们需要各自的时间、特定的时间,以便能对这些人和事公平——通常需要**对抗**客观流逝的时间。这也可以在中国学到。

VI Wiederholen von Zwischenzeit

Die beispielhaft genannten Prozesse, die durch ihre Eigenzeitlichkeit bestimmt sind, lassen sich wiederholen. Ich vergesse *die Zeit*, auch wenn ich, selbstversunken in das, was ich gerade tue, in ihr verbleibe. Aber das hat fast gar keine Bedeutung. Ich stelle nur irgendwann fest, wie viel Zeit in der *Zwischenzeit* vergangen ist, während ich schrieb, musizierte, tanzte. Da die Eigenzeitlichkeit immer einen Anfang und ein Ende hat, kann ich sie wiederholen. Zwar nicht vollkommen identisch, aber immerhin. In der Zeit dagegen ist nichts wiederholbar, sie vergeht endgültig. *Die Zeit wartet nicht*, mit dieser Zeile endet ein Gedicht von TAO Yuanming.

Das Wiederholen hat folglich in China eine größere und weiter gespannte Bedeutung als bei uns. Das gilt für die Kunst der Kalligraphie wie für die meditative Kampfkunst Tai-Chi. Es gilt für die laut gesprochenen buddhistischen Mantras und deren nach innen und außen gerichteten Wirkungen bis hin zum heutigen Unterricht in den Schulen Chinas, und die seit Jahrhunderten vorgeschriebenen, lauten Wiederholungen. Sie dienen nicht nur Vergegenwärtigung und Auswendiglernen der fast zahllosen chinesischen Zeichen und ihren noch zahlloseren Bedeutungen, sondern auch der Erziehung. Nimmt man an chinesischem Unterricht teil, mutet er zunächst befremdlich an. Dann nicht mehr. „Durch Wiederholen des Gelernten neue Einsichten gewinnen", lautet einer der Sätze von Konfuzius. Jeder kennt dieses Phänomen: Wenn sich Textstellen nicht erschließen, kann es hilfreich sein, sie auswendig zu lernen. Für Gedichte gilt das Gleiche. Anscheinend eröffnen sich Möglichkeiten des Verstehens, die erst frei werden, wenn die Notwendigkeit wegfällt, sich auf das Geschriebene selbst konzentrieren zu müssen.

六 间隔时间的重复

被称作标准的、通过其"原时"确定的过程是能够重复的。当我沉浸于当下所做之事时，即使我处于**时间**之中，也会忘记**时间**的存在。但这几乎无甚意义。我只会在某个时候确定，在我写作、奏乐和跳舞的过程中，在这段**时间间隔**内流逝了多少时间。既然"原时"总是有开端和终结，我便能重复它。虽然不能完全一致，但依然可以做到。而在**时间**之中，没有什么是可以重复的，时间终究会逝去。"岁月不待人"，是陶渊明一首诗歌中的名句。

因此，"重复"在中国比在我们国家（德国）有着更加广博、更加充满张力的涵义。这符合书法艺术和冥想式的太极武术，也符合念诵的佛教咒语及其向内与向外的作用，适用于中国今天的中小学课堂，以及几百年来规定的朗声诵读。重复不仅用于再现和熟记几乎无法计数的中华文字及其庞大的意涵，而且也服务于教育。如果你参与到中国的课堂，一开始会觉得陌生，之后便不会了。"温故而知新"，孔子如是说。人人都了解这一现象：当我们不理解文章中的一处内容时，将它背诵下来是十分有益的，诗歌也是如此。似乎只有在文本本身不是关注重点的情况下，才能实现对文本各种不同的理解和阐释。

In Parks und Gärten Chinas trifft man auf oft durch Schwünge verzierte Rahmen in Wänden, durch die der Blick auf ein Natur-Bild fällt. Die gewählte Perspektive ist nicht zufällig, sondern beabsichtigt. Sie lenkt den Blick auf einen Ausschnitt von Natur, auch Architektur. Man hält beim Gehen eine zeitlang inne, muss kurz überlegen, ob es sich womöglich um eine gemalte Szene handelt, verwirft das aber gleich und wendet sich dann dem so herausgehobenen Teil eines Gartens zu. Innehalten, Konzentration des aufmerksamen Blicks und Aufnehmen des „Bildes" und seiner Perspektive sind *ein* Akt, *ein* „Augenblick", für den der Betrachter stockt.

Der Yu-Yuan Garden in Shanghai, entstanden 1559, ist ein verwirrendes Geflecht von Wegen und Gebäuden, das dem Gehenden eine entschieden weitläufigere Fläche vorspiegelt als tatsächlich der Fall ist. Seine zwei Hektar Fläche sind durch hohe Mauern von einer heute hektischen, geschäftsmäßigen Umgebung getrennt und ruhen verwirrend kompliziert in sich, Garten, Wohnung und Tempel in eins. Wenn nicht Pfeile die Richtung zu bestimmten Orten bezeichnen würden, fiele es schwer, sich zu orientieren. Das ist dann auch die beste Grundlage für das, was beim Gehen geschieht: die genannten Rahmungen von durchbrochenen Wänden und die mit ihnen verbundenen Perspektiven schaffen Momente, in denen räumlich Definiertes und Zeitliches zusammenfallen. Durch sie wird das zeitliche und räumliche Kontinuum der Fortbewegung aufgehalten, aus ihr herausgehoben und auf einen Punkt einer Linie meines Sehens zusammengefasst. Es sind Orientierungen, überraschende Durchblicke, die zugleich Einblicke sind – auch in den Sehenden, denn sie kehren sich in sich um. Es sind träumerische, seltsam unwirkliche und glückhafte Augenblicke, Gartenkunst zu erleben.

在中国公园和花园里，人们常会见到墙面上弧形框架的窗口（编者注：建筑上称其为漏窗），透过它目光便落在自然景致之上。这种框架所选取的视角并非偶然，而是故意为之。它使得目光落在自然的剪影上，这同样也是建筑特色。人们在走路时偶会驻足，稍作思量——眼前会否是绘画的景色，但随即又丢开这一思路，投入到花园的这一方突出的景致之中。停驻，视线的集中汇聚，图像与视角的选取，这些是观察者为之停顿的行为，是"**片刻**"。

兴建于1559年的上海豫园内部，小径与房舍错落无序，这为游客营造了一种十分宽敞的假象，但事实却并非如此。这座两公顷的园子利用高墙与今天熙攘而商业化的外部环境隔开，内部宁静复杂，集园林、房屋和庙宇于一身。若非有箭头标识，难以辨别方位。这也为行走提供了最好的基础条件：打通墙壁所形成的框架和与之相连的视角，创造了空间性与时间性融合的瞬间。行动的时空连续体因此受到阻碍，从框架中凸现出来，汇集到我的**视线聚焦点**上。那是方向定位，是出人意料的透视，同时是洞察——也是对观察者的洞察，因为这也在人的自身归返。体验园林艺术，是梦幻般的、罕见的、非真实而令人幸福的时刻。

Chinesische Parks sind für uns ein Blick in eine alte, kindlich-fröhliche Welt; ein westlicher Blick übrigens, den Chinesen so wohl kaum nachvollziehen würden. Ein auf Miteinander angelegter, eigener Raum, umgeben von einer hektischen Welt, in der andere Spielregeln und ein festes Zeitmaß herrschen. Ein hermetischer Eigenraum, der bewirkt, dass Raum und Zeit für eine zeitlang aufgehoben sind. Eigentlich klösterlich; für mich eines der faszinierenden alten Geheimnisse Chinas. Aber auch solche alten Geheimnisse können verschwinden. Unsere Zeitwelt bietet ihnen jedenfalls keinen Schutz, und Reservate hierfür kann es nicht geben. Es sind jedoch Lebensformen, die im Laufe der Zeit zu verschwinden drohen.

Die Parks sind voll von Menschen, so wie es in Peking, Shanghai und anderen großen Städten Chinas kaum einen Ort gibt, der nicht voller Menschen ist. Ein Paar aber hatte einen Weg gefunden, der an einem etwas abgelegenen Bambuswäldchen vorbei führte, ein kleines Grammophon an den Rand des Weges gestellt und tanzte alleine und selbstversunken einen langsamen Walzer. Beide waren zwischen fünfzig und sechzig Jahre alt und einfach gekleidet. Als sie aufhörten zu tanzen, sahen sie erst einander an, lächelten, und nahmen dann ihre Umgebung wahr. Als ob sie aus einem erfüllten Traum erwachten. Anrührend für den Betrachter. Gleiches gilt für das Schattenboxen: alte Menschen, die unglaublich lange konzentriert auf einem Bein stehen können, den anderen Fuß fließend nach vorne strecken und leicht über dem Boden halten. Eine schwer zu haltende Position und eine, die nur dem gelingt, der sich im inneren Gleichgewicht befindet. Am Ende des Bewegungsablaufs löst sich die Spannung, und man sieht strahlende Gesichter und kindliche Freude über das Gelingen. Wie überhaupt fröhliches Lachen und kindliche Freude an diesem Ort weit überwiegt. Die Freude, seine Zeit gemeinsam zu verbringen. Und nicht nur das: sie gemeinsam mit zeitlich herausgehobenem Tun zu verbringen. Und zwar einem Tun nach strengen Regeln, ohne die uns vertraute Scham beim unverhohlenen Sichzeigen vor anderen Menschen oder dem Vergleich des besseren oder schlechteren Gelingens bei den Mitakteuren oder Zusehenden.

Denn nicht das Besser oder Schlechter im Tun des Einzelnen entscheidet, sondern die Gemeinsamkeit aller Einzelner im Tun Desselben. Hieraus ergibt sich auch, dass der ästhetische Anspruch nicht darin bestehen kann, individuelle Züge in das gemeinsame Tun hineinzutragen, sondern allein darin, die für alle gleich vorgegebene Form möglichst *vollkommen* zu realisieren. Das ist ein fundamental verschiedener Begriff von Ästhetik und Kreativität als der uns vertraute, der gerade die Einzigartigkeit künstlerischen Tuns zur Grundlage hat.

Kalligraphie, Tanz, Musik, Schattenboxen sind alle, so verschieden sie auch sind, gemeinsame Zeit in innerer Konzentration, verbunden mit Anstrengung und Disziplin in einem durch Kultur ritualisierten Rahmen und einem an Vollkommenheit orientierten ästhetischem Anspruch. Dieses alles zusammen bringt – das kann man in chinesischen Parks Menschen ansehen – ein Gefühl von Erfüllung und offener Freude mit sich. Und vielleicht kann man das auch einfach *Glück* nennen.

Aber ist es das gleiche Glück, das wir meinen, wenn wir an das Recht jeden Individuums denken, nach Glück zu streben, an Thomas Jeffersons Persuit of Happiness in der amerikanischen Unabhängigkeitserklärung? Ist das individuelle Glück gemeint, das uns schicksalhaft zufallen kann? Glück als Staatsziel eines buddhistischen Bhutan klingt für unsere Ohren befremdlich. Aber das Glücksgefühl, das man in den Gesichtern von Menschen in Chinesischen Parks sehen kann, kommt dem näher: es ist Folge eines gemeinsamen Strebens, nicht eines individuellen Rechts oder individuellen Schicksals. Auf den Gesichtern zeigt sich eher ein Vorschein von Glückseligkeit mit ihrem Anteil an friedvoller und heiterer Harmonie.

八 忘我的时间——幸福的奥秘所在？

中国公园对于我们而言就像**纯真欢乐的古老世界**，这种西方视角中国人很难理解。这是一个令人相聚的并不宽敞的空间，被喧闹熙攘的世界环绕，外面的世界有不同的运作规则和固定的时间度量。封闭的独立空间中，空间与时间暂时被取消。**其实就像修道院**，对于我而言，这是中国迷人而古老的秘密。但即便是这样古老的秘密也可能消失。我们的时间世界并没有为它们提供庇护，也不可能存在保护区。在时间的流逝中面临消亡危险的是**生活方式**。

公园里到处都有人，就像北京、上海和其他中国大都会，几乎没有人少的地方。一对伴侣却发现了一条小径，环绕着小竹林。他们将一台小型留声机置于路边，陶醉着旁若无人地跳起一曲慢节奏的华尔兹。两人大约五六十岁，衣着朴素。当他们停下舞步，先是对望片刻，微笑着，才望向四周，如从圆满的梦中初醒，令旁观者为之动容。打太极拳的人也是一样：能很长时间单腿站立的老人，将另一只脚流畅地向前舒展，轻着于地。十分难保持的姿态，唯有内心平衡的人才能达成。在一套动作的结尾，张力消解，从熠熠生辉的脸庞中可以看出老人对完满的动作感到纯粹的愉快。此处充盈着欢声笑语，那是共度时光的欢乐。不仅仅是以凸显时间性的行为一齐度过时光，而且是按照严谨的规范的行为，没有那种我们熟稔的羞耻，毫不掩饰地在他人面前展现自己，不论其他同伴或旁观者与自己相比孰优孰劣。

因为关键之处不在于个体行为的优劣，而是所有个体在行为中的共性。这也意味着，**美学要求**不在于将个体姿态带入共同行为中，而是仅在于尽可能**完满地**实现对所有人相同的规定形式。这种美学与创造性的概念，与我们所熟悉的以艺术行为的独特性为基础的概念有根本的不同。

书法、舞蹈、音乐和太极拳虽各不相同，但都有共通的内心专注的时刻，与文化礼仪范畴下的追求和纪律相关，与追求完美的美学要求相关。这一切，正如人们在中国公园内所见，会带来圆满和明朗的欢愉感。也许可以称之为幸福。

但这与我们所理解的幸福一样吗？我们思量的是个体追求幸福的权利，思索的是托马斯·杰弗逊在美国独立宣言中提到的"追求幸福"。个体的幸福是否意味着能够宿命般地降临我们的头顶？以佛教为国教的不丹将幸福作为国家目标，这在我们听来是陌生的。但中国公园里人们脸上洋溢的幸福感却与之相似：这是共同追求的结果，并非个人权利与命运的结果。他们的脸上是**超逸的幸福感**，带着一份安宁与清朗的和谐。

我们在中国常常遇见的微笑与不经意间传递的友善之秘密就是源自于此吗？对我们而言也许仅是因为我们在自己的世界接受它，并从自己的角度出发去解读，所以才是神秘的。这一切都与我们个体追求幸福的理念相去甚远，与竞争和那种每个个体仅对自己的舒适与

Liegt hierin das Geheimnis des Lächelns und unverhofft geschenkter Freundlichkeit, die uns in China so häufig begegnen und die für uns vielleicht nur deshalb so rätselhaft sind, weil wir sie in unsere Welt hineinnehmen und von ihr aus zu interpretieren versuchen? Das alles ist nämlich weit entfernt von unserer Idee eines individuellen Strebens nach Glück, von Konkurrenz und der Vorstellung, jeder Einzelne sei allein verantwortlich für sein Wohl und folglich auch sein Weh. Alles das nicht, die Beispiele sind gekennzeichnet durch *Selbstvergessenheit* der teilnehmenden Menschen. Hölderlin beschreibt sie so, ebenfalls in dichterisch – philosophischen Bildern: „Eines zu seyn mit Allem, was lebt, in seliger Selbstvergessenheit wiederzukehren in's All der Natur, das ist der Gipfel der Gedanken und Freuden, das ist die heilige Bergeshöhe, der Ort der ewigen Ruhe, wo der Mittag seine Schwüle und der Donner seine Stimme verliert und das kochende Meer der Wooge des Kornfelds gleicht".[6]

苦痛负责的观念亦十分不同,与之本质相异。**分享之人的自我遗忘**就是典型实例。荷尔德林同样也以诗意而哲学的图像描述它:"个体与一切生命同在,在陶醉的自我遗忘中回归自然万物,这是思想与欢愉的峰顶,这是神圣的高山,永远的静谧之所,在那里,正午也失去闷热,雷也失去声音,汹涌澎湃的大海与麦地的滚滚巨浪相似。"(6)

Parks, Gärten, Tempel und Hutongs – in solchen Räumen bildet sich Zeit auf besondere Weise ab. Während Parks und Tempel noch sicherer Teil chinesischen Lebens sind, verschwinden die Siheyuan und Hutongs als charakteristische Form des Wohnens von Familien. Sie müssen verdichtetem, modernem Wohnen Platz machen oder werden in museale und touristische Orte verwandelt. Sie können nicht das bleiben, was sie über Jahrhunderte gewesen sind. Mit ihnen geht aber auch eine durch diese Art des Wohnens definierte Form des Zeitlebens von Familien und deren Zusammenleben mit anderen Familien verloren.

Siheyuan – so bezeichnet seit dem 13. Jahrhundert – sind eingeschossige, kleine, in sich abgeschlossene, eckige Wohnhöfe, die, nebeneinander gebaut, ein gewinkeltes System von Straßen, besser Gassen, den Hutongs, ergeben. Sie sind in sich durch die sie umgebenden Mauern nach allen Seiten abgeschlossen, denn ihre Fenster öffnen sich nur zum Innenhof. Siheyuan sind nur durch ein schmales, oft mit Symbolen versehenes Tor mit der Gasse verbunden. Familienleben im Siheyuan und das öffentliche Leben der Gasse, vor allem mit benachbarten Familien, bilden eine untrennbare Einheit. In der Struktur der Wohnhöfe spiegelt sich die traditionelle Struktur der Familie: das größte Haus wird von den Eltern bewohnt, die Kinder leben nach Geschlecht getrennt in verschiedenen Häusern, es gibt einen Empfangsraum und ein Studierzimmer, eine Wand hindert daran, von der Gasse aus in den Innenbereich zu sehen.[7] Der Innenbereich ist gemeinsamer Raum, er ist bepflanzt, an den Wänden hängen Käfige mit Vögeln und Goldfische schwimmen in ihren Gläsern. So gibt es das noch heute in vielen großen Städten Chinas wie Peking und Shanghai. Für Außenstehende eine Idylle, gestört allerdings durch die an den Gassen liegenden, gemeinsamen Toiletten der Hutongs und deren bestialischem Gestank.

Dort, wo sich noch intakte Hutong-Gassen-Systeme befinden, hat sich seit Jahrhunderten kaum etwas verändert. Plastikschüsseln, Fahrräder und Motorräder, Fernseher und Radios sind hinzugekommen. Die Menschen gehen aus ihren Gebäuden heraus auf die Gasse, die als ein gemeinsamer privater Raum gesehen wird. Man geht denn auch ohne Scham im Schlafanzug, heute mit Handy. Auf den Gassen befinden sich Läden, die Essen anbieten, Dienstleistungen, Kinder spielen, Männer sitzen an Brettspielen, arbeiten oder schlafen. Frauen habe ich nie öffentlich schlafen sehen.

In den Hutongs gilt die Zeit der Familien und ihr Zyklus. In ihnen wird gelebt und gestorben, geliebt und gestritten, einfach gelebt. Ihre Zeit ist also nicht etwa stehen geblieben. Was sich radikal verändert hat, ist das sie umgebende Zeitleben und die damit verbundene radikale Veränderung der Gesellschaft, ihr Zusammenleben oder Nicht-Zusammenleben und die ebenfalls radikale Veränderung von Wertmaßstäben für Familie und Individuum. Das in Wohngebäude und Gasse gemeinsam Aufgehobensein verschwindet; ein gewaltsames, nicht aufzuhaltendes Verschwinden einer Lebensform und Sozialität. Sie muss etwas Neuem weichen. So, wie das immer ist.

九 四合院与胡同的时间及其消失

公园、花园、寺庙和胡同——在这些空间中，时间的形式尤其别样。公园与寺庙在中国人的生活中是较为稳定的组成部分，而四合院与胡同作为家庭居住的典型形式，却正在消失。它们必须为压缩式的、现代化的居住模式提供空间，或者变为博物馆和旅游场所，它们不能再保持几百年不变了。随之消失的还有以这种居住模式定义的家庭内以及与其他家庭同住的时间生活形式。

四合院——自13世纪以来即存在的称呼，描述的是单层的、较小的、内部封闭的、四方的住宅，相邻而建，曲折的空间体系，由道路，更确切地说是由小巷、胡同环绕。周围墙壁使得各个方位都是封闭的，窗户只开向内院。四合院仅仅经由一扇狭窄的、常装饰有象征符号的门与小巷相连。四合院内的家庭生活与巷子里的公共生活——主要与邻居家庭之间——构成不可分割的整体。住宅结构体现出家庭的传统模式：最大的房屋由父母居住，孩子们根据性别分别生活在不同的房屋中，此外还有会客室和书房，一扇墙阻挡住从巷子向内部张望的目光。[7]内院是共同的空间，种满植物，墙上挂着鸟笼，金鱼在玻璃器皿里游动。这样的景象在中国许多诸如北京、上海的大都会还能见到。对外人而言，这是一种田园式的生活，但巷子里的公共厕所和可怕的臭气叫人难以忍受。

完整无缺的胡同小巷体系存在的地方，几百年来几乎无甚变化。塑料碗、自行车、摩托车、电视机、收音机都在。人们离开自己的家，来到巷子里，这里被当做共同的私人空间。人们穿着睡衣也不觉尴尬，如今都捧着手机。巷子中坐落着食品商店、服务设施，孩子们在巷子里玩耍嬉闹，男人们下象棋、工作，或者睡觉。我从未见过女人在公共场合睡觉。

在胡同里，时间适用于家庭及其循环。在其中发生着生与死，相爱与争吵，还有普普通通的生活。它们的时间并非静止的。发生骤变的是围绕它们的时间生活和与之相连的社会变化，是群居生活与非群居生活，也是家庭与个人价值观的骤变。住房与小巷中的共同生存在消失，这是生活方式与社会性强制的、无可抑止的消失。它需要为新的事物让路。一如既往。

Zur Wahrheit von chinesischen Zeitbildern gehört auch das Gegenteil von Eigenzeit und gelebter Zeit, nämlich fixierte Zeit: das *Statarische*, Stehenbleibende, sich allenfalls langsam Bewegende. Das Statarische findet sich nicht in Parks, sondern in der politisch geprägten Öffentlichkeit von Straßen und Plätzen. Es findet sich in allen Staaten dieser Welt, in Deutschland wie in China. Diese Zeit ist die eines festgehaltenen Moments, eine Standaufnahme oder Zeitlupe. Sie ist geronnene Zeit. So wirken große militärische Aufmärsche monumental-eingefroren, selbst, wenn sie sich in Zeit und Raum martialisch vorwärtsbewegen; sie haben die nur scheinhafte Lebendigkeit einer Maschine. Dieses Zeitbild ist ebenfalls geprägt durch feste Regeln und Rituale, verbunden allerdings mit Emblemen und Abzeichen, durch die trotz aller Gleichförmigkeit – im Gegensatz zu den Formen des Zeitlebens des Parks – Hierarchien und Abhängigkeiten nach außen hin sichtbar gemacht werden sollen.

Ein weiteres Beispiel: Auch Denkmale sind festgefrorene Zeit. Sie sind häufig nicht nur aus Zement, sie zementieren in der Regel historische Bedeutung und sind unmittelbar verbunden mit einer politischen Absicht. Sie können sich auch mit Denkverboten und Tabus verbinden, die das Bestehende um jeden Preis erhalten sollen. Das Statarische kann deshalb etwas Gewaltiges und auch Gewalttätiges haben. In ihm versammelt sich die Geschichte von vielen Jahrhunderten. Die Zeit festzuhalten, kann aber genauso gewalttätig sein, wie revolutionär Neues in die Welt zu bringen. Statussymbole haben hier ihren Platz, denn sie definieren die Abstände zu Anderen, die erhalten bleiben sollen. Veränderungen sind gefährlich, weil sie traditionelle Besitzstände und hierarchische Ordnungen in Frage stellen oder gar zerstören könnten. Sprache und Gesten sind festgelegt und erwarten, dass das Schema, dem sie folgen, allgemein anerkannt wird. Zeit spielt eine große Rolle in dieser Welt: *sie muss nämlich stehen bleiben, damit alles so bleibt, wie es ist.*

Die unbewegt auf ihrem Sockel stehende Statue mitsamt der Bedeutung, die sie verkörpert, begegnet uns ständig auf öffentlichen Plätzen dieser Welt. Das Statuarische an ihr meint nicht, der Zeit enthoben zu sein, wie das im Zeitleben des Schreibens, Malens und Musizierens der Fall sein kann, sondern *im Augenblick* festgehalten und fixiert zu sein. Das Denkmal und Monument hält den Moment eines Ausdrucks, einer Geste aus ihrem Ablauf heraus fest und soll lebendig scheinen, ohne lebendig zu sein. Es ist fest und allein auf sich bezogen. Den Gegensatz zu einer Statue zeigt die Plastik in der bildenden Kunst: sie macht innere Spannungen von Bewegungen und Bewegungsabläufen sichtbar oder „spannt" sich lebendig als räumlicher Gegenstand in den sie umgebenden Raum hinein. Sie schafft ihre ganz spezifische Zeit- und Räumlichkeit, ohne eine zeitlich messbare Bewegung im Raum zu vollziehen.

In Hegels geschichtsphilosophischen Betrachtungen über China spielt der heute kaum noch verwendete Begriff des *Statarischen* eine zentrale Rolle und hat das Bild des in sich ruhenden China im Verhältnis zur durch ständigen Fortschritt geprägte Kultur des Westens über lange Zeit maßgeblich bestimmt:

> *„Mit dem Reiche China hat die Geschichte zu beginnen, denn es ist das älteste, soweit die Geschichte Nachricht gibt … Früh schon sehen wir China zu dem Zustand heranwachsen, in welchem es sich heute befindet; denn da der Gegensatz von objektivem Sein und subjektiver Daranbewegung noch fehlt, so ist jede Veränderlichkeit ausgeschlossen, und das Statarische, das ewig wiedererscheint, ersetzt das, was wir als das Geschichtliche nennen würden. Die Einheit von Substantialität und subjektiver Freiheit ist so ohne Unterschied und Gegensatz beider Seiten, dass eben dadurch die Substanz nicht vermag, zur Reflexion in sich, zur Subjektivität zu gelangen".[8]*

Stagnation des Reichs der Mitte gegen den geschichtlichen Fortschritt von Philosophie, Politik, Wirtschaft und Technologie im Wes-

中国时间图像的真相还包括原时和经验时间的对立面，后者即**固定时间**：它是**缓缓前进**的，停驻的，至多缓慢运动的。这种缓缓前进在公园中看不到，而是出现在街道与广场这些公开场所。它存在于世界上所有的国家，德国与中国都有。这种时间是锁定的瞬间，是状态记录或慢动作。它是凝结的时间。大规模军事阅兵看起来雄伟而凝结化，即使它在时间与空间中令人生畏地前行，看上去也仅仅具有机器般的活力。这种时间图像同样受到固定法则与仪式的影响，但却与标志和徽章相关，尽管具备一致性（与公园中的时间生活方式相反），但却通过标志与徽章清晰地对外展现等级性与独立性。

另一个例子：**纪念碑**同样也是冻结的时间。它常常不仅仅是由水泥构成，通常还将历史含义固化，直接与政治观点相连。它们可能也与思维的禁令和禁忌相关，无论如何它们都应当保留存在之物。缓慢前进因此可能具有强大而残酷的特点，其中汇聚着几百年的历史。**凝固时间也可能会像产生革命性新事物一样残酷**。身份象征在这里十分重要，因为它定义了与他者应当保持的距离。变化是危险的，因为变化质疑传统的财富地位和等级制度，或者将其毁灭。语言和姿态被固定下来，期待着它们所遵循的模式得到普遍承认。时间在这个世界上扮演重要的角色：**时间必须停下来，以便一切都保持原貌**。

底座上面岿然不动的雕像连同其代表的意义，我们总能在世界各地的公开场所见到。它们身上带有的雕塑艺术性，并不意味着撤销时间，就像书写、绘画和音乐中的实践生活那样，而是留固在了**片刻**之中。纪念雕塑和纪念碑将过程中的表达瞬间、姿态瞬间凝结出来，虽不是活的，却看起来富有生气。它是坚实的，只关乎自身。造型艺术的雕像体现了人像雕塑的反面：它让动作和运动过程的内在张力变得清晰可见，或者说，作为空间物体"紧绷"进入周围的空间内。艺术雕塑形成了其极为独特的时间和空间性，而在空间中没有发生时间上可以衡量的运动。

在黑格尔关于中国历史哲学的视阈中，"缓慢演进"的概念扮演至关重要的角色，如今人们几乎不再使用这一概念，但长期以来它都权威地体现相较于以不断进步为特色的西方文化，中国的内在宁息的图景：

"历史真正的源头在中国，因为那是有历史记载的最古老的国度……在很早以前，中国就已经发展进入了今天的那种状态；因为缺少客观存在与主观运动之间的对立，所以任何变化都是不可能的，那种缓慢进步、不断重复出现的，代替了我们称之为"历史性"的。实体性与主体自由的统一并不包含二者的区别和对立，使得主体不能进行自我反思，也不能实现主体性。"[8]

中国以滞后性面对西方哲学、政治、经济和技术的发展——这直至前些年都构成了我们对中国的印象。实体性与主体自由的对立在黑格尔那里形成了促进历史前进的张力。但"内在宁息"真的意味着停滞不前吗？随着中国现今经济技术发展，黑格尔的叙述已破碎。

ten – diese Vorstellung hat unser Bild Chinas bis vor wenigen Jahren ausgemacht. Der Gegensatz von Substantialität und subjektiver Freiheit bringt bei Hegel die Spannung hervor, die Geschichte und Fortschritt vorwärts treibt. Aber bedeutet In-sich-Ruhen wirklich, still zu stehen? Hegels Darstellung ist durch die jetzige wirtschaftliche und technologische Entwicklung Chinas zerbrochen. Sie hat allerdings auch nicht verständlich machen können, wie in einem „stagnierenden Reich" Erfindungen mit welthistorischer Tragweite möglich gewesen sind. Und nicht gesehen, dass es außer der Idee eines immer weiter treibenden Fortschritts in der Geschichte auch Lebensformen geben kann, die in sich ruhen, ohne Stillstand oder Rückschritt zu bedeuten. Und dass Fortschritt nicht unbedingt ein Mehr an Freiheit und an Glück mit sich bringt; nicht einmal an Bewusstsein der Freiheit. Im Gegenteil: wenn man sich unsere digitale Welt vor Augen führt, scheinen sich Gewinn an Freiheit und Verlust an Freiheit bestenfalls die Waage zu halten. Fortschritt kann man sich jedoch nicht wünschen um den Preis eines Verlustes an Möglichkeiten, in sich ruhende Zeit zu leben. Es muss gelingen, das rasante und von den meisten Menschen nicht mehr wirklich begreifbare Fortschreiten in Wissenschaft, Wirtschaft und Technik und deren immer weiter zunehmende, auch politisch verwirrende Komplexität und Internationalität mit den „kleinen" Formen von glückhaft gelebter, in sich ruhender, gemeinsamer Lebenszeit zu verbinden wie sie uns in klassischer Form in chinesischen Parks begegnen. Und das bedeutet, wachsenden Wohlstand und die sich damit eröffnenden Möglichkeiten eines besseren und freieren Lebens zu ergreifen, ohne kulturelle Traditionen dabei abzuwerten oder zu negieren.

他也未能解释清楚，为何在一个"停滞的国家"能出现具有世界史意义的发明创造。亦未能发现，历史中持续进步的理念之外，还可能有其他的生活方式，且并非意味着停滞或退步。进步并不一定能增进自由和幸福，更不能增添自由意识。相反，当人们审视眼前的数码世界，似乎获得自由和失却自由两者获得了最好的平衡。然而人们也不能如此渴望进步，以损失"内在宁息"时代生活的可能性为代价。必须能够将那种科学、经济和技术飞速的、大多数人都不能真正理解的进步，以及不断增加的政治上令人迷惑的复杂性和国际性，同充满幸福、内在宁息、共同时间的"小型"生活模式联系起来，就像我们在中国公园中遇见的经典形式一样。这意味着，提高的生活质量与一种开放的、更美好、更自由的生活可能性并行，同时没有贬低或否定文化传统。

Es klingt paradox, aber Leben in eigener Zeit vermehrt Zeit, von außen verursachte Zeitnot vermindert Zeit. Auch, wenn *die Zeit* immer dieselbe bleibt und weder vermehrbar noch verminderbar ist. Das eine macht reicher, das andere ärmer. Wenn Zeitbilder in China auseinanderfallen, dann zwischen Straße, Geschäft einerseits und Park, Garten, auch Tempel oder Kloster andererseits. Es scheint sowohl im Park als auch im Bereich des Tempels so etwas wie eine Sicherheit der Wiederholung und ein Vertrauen in unbegrenzte Wiederholbarkeit zu geben. Die dunklen Rhythmen der Mantras ebenso wie das Geräusch der in Drehung versetzten Gebetstrommeln, von links nach rechts gegangen, zeigen das. Ihre ruhige Zeit scheint sich zu vermehren, sie schaffen *nicht vermessbare Zeiträume*. Und auch hier gilt etwas den Aktivitäten im Park Vergleichbares: es ist die buddhistische Idee, dass sich der Drehende, also das Individuum, seine Bewegung des Drehens und die sich drehende Gebetsmühle mitsamt den in ihnen enthaltenen Mantras *in Eins*, in *eine* Natur konzentrieren. Die Individualität des Einzelnen tritt darin für eine zeitlang in den Hintergrund und erlaubt so, zeitlos an einem Allgemeinen teilzuhaben.

听上去是矛盾的：在自己的时间里生活是增加时间，由外部因素造成的时间紧迫是减少时间，即使**时间**始终保持不变，既不能增加也不能减少。前者使人更富有，后者则使人更窘迫。如果将中国的时间图像分开面论，那么街上与商店中是一种，公园、花园、寺院或庙宇中则是另一种。似乎在公园和寺院中，存在着"**重复**"的**安定感**以及**无限重复中的信任感**。深沉的咒语节奏和转经筒的响声，自左至右，都体现了这一点。安宁的时间似乎就此增加，塑造出**不可测量的时间域**。此处也有可与公园里的活动相提并论的：佛家理念——旋转的人，即个体、旋转的动作和旋转的转经筒以及内里的咒语**合为一体**，汇聚成一种**自然**。人的个性在此中暂时隐退，令无限时地参与到共性之中成为可能。

Die intensive Rezeption von Friedrich Nietzsche in China ist auf den ersten Blick erstaunlich; jedenfalls wenn man an die klassische deutsche Philosophie und das Gewicht von Kant, Hegel und Marx denkt. Aber Nietzsches sprachgewaltige lyrische Bilder, Dialoge und sentenzartigen Texte kommen dem chinesischen Sprachdenken näher. Und es gibt auch inhaltliche Bezugspunkte. So läßt sich die „ewige Wiederkunft des Gleichen unschwer den beschriebenen chinesischen Sprachbildern zuordnen; ewige Wiederholung, kein Fortschritt. Auch Nietzsches Beschreibung des Augenblicks gehört in den Kontext der Wiederholung des Gleichen. „Augenblick" meint den flüchtigen Blick und Wimpernschlag meines fließenden Sehens. Es verbindet sich in ihm eine direkte Zeitbestimmung mit unserer Körperlichkeit. „Jetzt" sagen, versucht, den Augenblick zu bezeichnen und festzuhalten – aber der ist immer schon vergangen, denn das Aussprechen ist zeitlich bereits beim kommenden „Jetzt" angelangt und so fort. Das „Jetzt", welches ich meine, kann ich also gar nicht sagen.[9] Ich sage „Jetzt" oder „in diesem Augenblick", um Andere auf einen exakten oder richtigen Zeitpunkt hinzuweisen. Der Gebrauch von „Jetzt" erfüllt also einen pragmatischen Zweck im Miteinanderreden. Er macht dabei zugleich deutlich, dass Zeit ein unendlicher Ablauf von „Jetzt" und Augenblick ist. Selbst der Plural von Augenblick bezeichnet nur einige oder viele einzelne Augenblicke. Macht man sich den Fluss der Zeit, in dem wir uns fraglos bewegen und bewegen müssen, auf diese Weise bewusst, stellt sich ein Gefühl des Schwindels ein, als ob der feste Boden auf dem wir stehen, selbst zu fließen beginnen würde. Deshalb müssen wir den theoretisch unendlichen Ablauf von Zeit ignorieren. Genau genommen vergisst er sich von selbst, weil wir mit dem ständigen Blick auf die verrinnende Zeit unseren Alltag nicht bewältigen könnten. Wir leben also in Augenblicken, Zeitspannen und deren Erinnerung und unserer Lebenszeit – sowie in der uns eigenen Möglichkeit, Zeit durch gelebte Eigen-Zeit glückhaft zu vermehren.

Nietzsche hat die Idee der ewigen Wiederkunft des Gleichen, der Kreisförmigkeit statt Linearität von Zeit, an einem ebenfalls Schwindel erregenden, nicht festhaltbaren und auflösbaren Bild verdeutlicht. Es geht um das berühmte Streitgespräch zwischen Zarathustra und dem Zwerg.[10]

Torweg: „.... der hat zwei Gesichter. Zwei Wege kommen hier zusammen: die ging noch niemand zu Ende. Diese lange Gasse zurück: die währt eine Ewigkeit. Und jene lange Gasse hinaus – das ist eine andere Ewigkeit. Sie widersprechen sich, diese Wege; sie stoßen sich gerade vor den Kopf – und hier, an diesem Torwege, ist es, wo sie zusammenkommen. Der Name des Torwegs steht oben geschrieben ‚Augenblick'. Aber wer Einen von ihnen weiterginge – und immer weiter und immer ferner: glaubst du, Zwerg, dass diese Wege sich ewig widersprechen?"

Zwerg: „Alles Gerade lügt ..., alle Wahrheit ist krumm, die Zeit selber ist ein Kreis".

Zarathustra: „Siehe ... diesen Augenblick! Von diesem Torwege Augenblick läuft eine ewig lange Gasse rückwärts: hinter uns liegt eine Ewigkeit. Muß nicht, was laufen kann von allen Dingen, schon einmal diese Gasse gelaufen sein? Muß nicht, was geschehen kann von allen Dingen, schon einmal geschehen, getan vorübergelaufen sein? Und wenn alles schon dagewesen ist: was hältst Du Zwerg von diesem Augenblick? Muß auch dieser Torweg nicht schon – dagewesen sein? Und sind nicht solchermaßen fest alle Dinge verknotet, dass dieser Augenblick alle kommenden nach sich zieht? Also – sich selber noch?"

Nietzsches Bild von Zeit löst sich in sich selbst auf, weil sich in ihm nichts festhalten läßt; was bleibt, ist eine endlos in sich kreisende Vorstellung von Zeit- und Raumbewegung.

十二 环形的时间，无穷尽和一瞬间

乍一看，中国人对尼采的深度接受令人惊异；至少当人们想起德国古典哲学和康德、黑格尔、马克思的重要性时，会这么觉得。然而，尼采语言暴力式的诗歌图像、对话和格言警句式的文章则更接近中国人的语言思维，亦有内容上的相关之处。因而不难将"相同者的永恒轮回"归入到中国人描述的语言图像中去：永远重复，没有进步。尼采对瞬间的描述也属于重复相同者的范畴。"瞬间"指的是短暂的一瞥，是眼波流转间睫毛的翕动。在一瞬间中，直接的时间限定与我们的躯体连接到一起。我们说"现在"，是在尝试描述和抓住这一瞬间——但这一瞬间已经永远过去了，因为说出来的话在时间上已到达即将到来的"现在"，等等。因此我根本无法说出，我认为的那个"现在"[9]。我说"现在"或"在这一瞬间"是为了向别人指出一个准确或正确的时间点。所以，使用"现在"这一说法实现了彼此交谈中的实用主义目的。即使是"瞬间"一词的复数，描述的也只是几个或许多单个的瞬间。如果人们踏入了时间的河流，毫无疑问我们在其中流动且必须流动，意识到这种形式，会出现一种眩晕的感觉，仿佛我们脚下坚实的大地开始流动。因此，我们必须忽略理论上没有尽头的时间流逝。准确地说，时间流逝遗忘了自我，因为我们一直盯着流走的时间，无法掌握住平凡的日子。因此，我们生活在一个个瞬间、一个个时间段和对它们的回忆中，生活在我们的人生中——生活在一种自身的可能性中，即通过我们生活过的时间、幸福地延长时间。

尼采通过一个同样引起眩晕的、无法握住和溶解的图像阐明了其**"相同者的永恒轮回、时间是环形而非线性的理念"**。这就涉及到查拉图斯特拉和侏儒之间著名的论辩。[10]

门道："它有两面。有两条道路在这里会合：还没有任何人走过过它们的尽头。身后的这条长路：它通向永恒。向前去的那条长路，——它是另一个永恒。这两条路背道而驰；它们正好碰头在一起——在门道这里，就是它们的相会之处。门道的名字写在上方：'瞬间'。可是如果有谁选择二者之一继续前行——越走越远：那么，侏儒，你以为这两条路会永远背道而驰吗？"

侏儒："一切成直线的都是骗人的……，一切真理都是曲线的，时间本身就是个圆周。"

查拉图斯特拉："你瞧这个瞬间！从这个瞬间之门道，有一条漫长的永恒的路向后伸去：在我们背后有个永恒。一切能走的，不是都该在这条路上已经走过一次了吗？一切能发生的，不是都该已有一次发生过、完成过、曾在这条路上走过去了么？如果一切已经存在过，你这个侏儒对这个瞬间有什么看法呢？这个门道不也应该已经——存在过了吗？一切事物不都是如此紧密结合着，为此这个瞬间不也要把一切要来的事物向自己身边拉过来吗？因此——也把它自己拉住？"

（注：此处采用了钱春绮译《查拉图斯特拉如是说（详注本）》，北京：生活·读书·新知三联书店，2007年，第178–179页。）

In seinem Gedicht Beim *Besteigen des Turms von Youzhou*, um 697, beschreibt CHEN Zi'ang eine vergleichbare Erfahrung in einem ähnlichen Bild: Von einem Turm aus als festem Punkt (statt durch Nietzsches sich bewegendes Tor) die Unendlichkeit von Vergangenheit und Zukunft begreifend festzuhalten. Nietzsche greift zu einem nicht auflösbaren Bild, bei CHEN endet das Gedicht[11] mit den Tränen des auf sich zurückgeworfenen Menschen.

> „Beim Blick zurück
> verkenne ich die Alten,
> beim Blick nach vorne
> erfasse ich nicht, was kommt.
> Über die Unendlichkeit
> der Welt nachgrübelnd
> versinke ich in Kummer:
> alleingelassen – mit Tränen im Gesicht."

尼采的时间图像消融在自身之中，因为没有什么能在这图像中记录下来；留下的，是无穷盘旋的时间和空间运动的想象。

陈子昂在《登幽州台歌》（约公元697年）中以相似的图景描绘了一种可供对比的体验：以一座塔作为固定点看出去（而非是通过尼采的运动之门），理解并记录了过去和将来的无穷无尽。尼采抓住了一幅无法溶解的图像，而陈诗则以回归自我之人的眼泪作为结尾。[11]

> 前不见古人，
> 后不见来者。
> 念天地之悠悠，
> 独怆然而涕下。

Das Selbstverständnis Chinas als in sich ruhendem *Reich* der Mitte bringt Folgen für die Auffassung von Zeit und das Verständnis der eigenen Geschichte mit sich. Bezeichnet man Zeit als Kreis, als Zentrum, Zeitfläche oder Linie machen räumliche Bestimmungen Zeit vorstellbar. Das Zentrum war definiert durch den Sitz des Kaisers, in ihm trafen alle kosmischen Kräfte, Himmel und Erde und die Himmelsrichtungen zusammen.[12] Dort saßen die Astronomen und Geschichtsschreiber, definierten Zeitläufe und Geschichte – nicht aus Machtvollkommenheit heraus, sondern durch Interpretation kosmischer Mächte und deren Auswirkungen auf Gegenwart und Zukunft. *Die Zeit* selbst ist nicht interpretierbar, sondern wird bestimmt durch den Lauf von Gestirnen, durch räumliche Veränderungen also. Nur so wird sie meßbar und damit allgemein gültig. Diese (lineare) Zeit unterscheidet sich vom zyklischen Zeitleben von Bauern oder Familien. Sie bedeutet Ordnung und Zuverlässigkeit. Die verschiedenen Zeitformen überlappen sich aber: der Maßstab eines endlichen Lebens und seiner Zeitspanne und die sich unendlich wiederholenden Zyklen von Weltzeit.

Der Augenblick gilt in Beidem. Er ist immer *mein* Augenblick und zugleich Teil einer unendlichen Abfolge von stets gegenwärtigen Augenblicken, die dann nicht mehr nur meine sein können. So läßt sich – wie in China – Geschichte auffassen. Zeitfläche führt zeitliches und räumliches Denken von Welt zusammen. Aber das sind abstrakte Konstrukte und keine plastischen Zeitbilder mehr, die zu zeigen beabsichtigt ist. Ortsbestimmungen als Zeitdauer anzugeben, einen Ort durch seine Entfernung von zum Beispiel zwei Stunden zu benennen, kommt der Absicht wieder näher. Das gilt auch für die Entstehung eines Begriffs von Zeit durch die Ordnung agrarisch notwendiger Tätigkeiten. So bedeutet das Wort *SHIH* „ursprünglich die Saatzeit, dann die Jahreszeit überhaupt ... In seiner Frühform ist es zusammengesetzt aus der Fußsohle über einer Maßeinheit ... so bedeutet das Wort einen für eine bestimmte Tätigkeit vorgesehenen Zeitabschnitt und ist vor hier auf die vier Jahreszeiten übertragen, die alle ... regelmäßig mit gewissen Handlungen angefüllt sind, und dann erst auf die Zeit im allgemeinen".[13]

中国将自己理解为安分守己的**中央帝国**，因此，中国人对时间和本国历史有着独特的理解。人们若是将时间描述为**环形**，描述为**中心点**、**时间线**或**时间面**，那么空间上的限定就使时间得以想象。中心点被定义为皇帝的所在地，一切宇宙力量——天、地、东西南北交汇于此。(12) 安坐中心点的还有宇航员和历史书写者，他们定义了时代和历史——并非来自权力的完美，而是通过阐释宇宙力量及其对现在和将来的影响。**时间**本身是不可阐释的，而是由大脑的运转决定，由空间的变换决定。惟其如此，人们才能量化时间，使时间具有普适性。这种（线性）的时间与农民生活或家庭生活中循环往复的时间有所不同，它意味着秩序和精确。不过，不同的时间形式之间也有所重叠：有限生命及其各个时期的衡量标准，以及无限重复的世俗时间的循环。

"**瞬间**"则同时适用于两种时间形式。它始终是**我的**瞬间，同时也是一连串眼前的瞬间，没有穷尽却不再仅仅属于我。就这样——就像在中国那样——人们去理解历史。**时间面**使世界的时间思维和空间思维汇聚到一起，但这些是抽象的建构，不再是用来展示的可塑的时间图像。将定位陈述为持续的时间，将某一地点用比如两小时的距离来命名，便又重新接近了以上目的。以上情况同样适用于由必要的农耕活动秩序而产生的时间概念。因而"时"字"原本指的是播种时节，然后才是季节……它最初的字形是由位于一个度量单位之上的脚掌组成的……因此这个词意味着一段规定好做某件事的时间段，并由此转化为四个季节，四季均规律性地由特定的行为填满，然后才转变为普遍的时间"。(13)

Die *Zeit* ist also unsere Erfindung im Vermessen astronomischer Ordnung. Wir messen sie mit großem Aufwand, richten unseren Alltag nach ihr ein und brauchen sie in größtmöglicher Exaktheit für Forschung und Technik. Wir lassen sogar am Jahresende Sekunden „verschwinden" oder „schaffen" sie, um exakt zu bleiben. Sie ist ein abstraktes Konstrukt, ohne das wir unseren Alltag und unser Zusammenleben nicht mehr bewältigen könnten. Sie begleitet uns jeden Tag unseres Lebens. *Die Zeit* messen zu können, legt allerdings den Irrtum nahe, auch über sie verfügen zu können. Aber das können wir nicht. Wir haben im Ganzen nur eine Zeitspanne, die Zeit unseres Lebens, die uns zugemessen und angemessen ist. Deshalb ist unsere Zeit so kostbar. Die uns gesetzte Grenze fordert einen verantwortungsvollen Umgang mit Zeit – und Bescheidenheit und Demut vor dem nicht von uns Festlegbaren. Von *Bescheidenheit und Demut* im Umgang mit Zeit ist allerdings in unseren heutigen Formen der Kommunikation, in Verkehr, im Geschäftsleben nicht viel zu spüren, weder in China, noch in anderen industriell geprägten Staaten. Sie sind geprägt durch Hektik und Hast, durch die Flüchtigkeit und Oberflächlichkeit von Geschehnissen, denen wir aber gleichwohl große Bedeutung zumessen, und durch das, was man strenge Zeitökonomie nennt.

Der Erfindungsreichtum des Reichs der Mitte ist legendär – auch, wenn Hegel meint, es habe eigentlich keinen Fortschritt hervorgebracht. In China wurde immerhin etwa sechs Jahrhunderte vor ihrer Entwicklung in Europa eine mechanische Uhr gebaut: SU Sung, Astronom und Wissenschaftler, beschreibt 1090 den Bau eines komplizierten astronomischen Uhrenturms. Die notwendige regelmäßige Bewegung wurde durch regulierte Kraft des Wassers über ein Schaufelsystem erzeugt. Und vermutlich gab es bereits Jahrhunderte zuvor eine mechanische Messung von Zeit nach astronomischen Regeln.[14] *Die Zeit* als mechanisch gemessene Zeit hat, obwohl dort entwickelt, in China – wie man an den beschriebenen Zeitbildern ablesen kann – bis heute nicht dazu geführt, das Zeitleben in allen Lebensbereichen durchgehend zu beherrschen.

Das gilt zum Beispiel für das Leben von Menschen auf dem Land, das in der Agrarwirtschaft ein anderes Zeitbild hervorbringt – auch wenn dieses heute eher als rückständig und als zu überwinden betrachtet wird. Trotz des immensen Wachstums chinesischer Städte, Städte, deren Namen man hier noch nicht gehört hat, obwohl sie viele Millionen Einwohner haben und weitaus größer sind als Städte in Deutschland, bleibt China geprägt durch seine Agrarwirtschaft. Das gilt auch, wenn in unser Bild von China überwiegend Neues aus Wirtschaft, Technik und Politik eingeht. Der Ablauf von Arbeit wird auf dem Land unerbittlich vorgegeben durch den *Zyklus des Wechsels* der Jahres- und Tageszeiten. Die gemessene Zeit bietet eine persönliche Orientierung, ist aber für die Arbeitsabläufe selbst völlig gleichgültig. Keine Termingeschäfte, keine Fristen – nur ein sich Jahr für Jahr und Tag für Tag wiederholender Zyklus – ständige Wiederkunft des Gleichen. Menschen sind nicht wie in den Zeitbildern des Parks der Zeit enthoben und in ihr Tun versenkt, sondern sie unterwerfen sich mit ihrer Arbeit der Zeit der Natur. Sie gibt vor, was zu tun ist, wann gesät und wann geerntet wird – und wann Natur und Mensch ruhen können, Zeit für Muße. In einem Gedicht von LU You, 1125–1210 heißt es: „Es braucht der Landmann den Kalender nicht, / Im Vogelruf kennt er die Jahreszeiten. / Im zweiten Mond hört er den Ziegenmelker: Daß er sich mit dem Pflügen nicht verspäte. "[15]

WANG Wei, 701–761, klagt in seinem Gedicht *Ein Dorf am Flusse We* über den Verlust an Muße und Einfachheit seiner Zeit im Vergleich zu dörflichem Leben und dessen andere Zeitmaße.[16]

> „*Schräg auf den Dorfplatz scheint*
> *Die letzte Sonnenhelle,*
> *Durch enge Gassen kehren*
> *Die Herden in die Ställe.*

在度量宇宙秩序方面，**时间**是我们人类的一大发明。我们大费周章去测量时间，根据时间安排我们的生活，为了科研和技术，我们需要时间精确到毫厘。为了保持精确，我们甚至在年末会让几秒钟"消失"或者凭空"造出"几秒钟。时间是一个抽象的概念，若没了这个概念，我们便无法掌控我们的日常生活和人类的共同生活。时间陪伴着我们，在我们生命中的每一天。但是，能够计量**时间**却会导致人们错误地认为自己可以拥有时间。然而并不能。我们总共只拥有一个时间段，即我们生命的时长，这是我们被分到的合适的时间。因此，我们的时间是如此珍贵。这条为我们划定的界线要求我们负责任地对待时间——面对我们无法确定的事物，应心存谦恭和顺从。在我们如今的交流形式中，还有交通中以及商业生活中，我们已经无从感知人们对待时间的**谦恭和顺从**，中国没有，其他打着工业烙印的国家也没有。这些国家已然打上了匆忙的烙印，受到一些短暂且肤浅、却被我们赋予重大意义的事情的影响，也受到被人们称为严格的时间经济的东西的影响。

中国的发明丰富多彩，具有传奇色彩——即使黑格尔认为，这些其实并没有带来什么进步。但无论如何，中国人先于欧洲约600年造出了第一台机械钟：中国天文学家、科学家苏颂，1090年便描述了一台复杂的天文钟楼的建造情况。通过叶轮系统调整水力，从而产生必须的规律性运动。据推测，在此之前几百年就已经有依照天文规律机械测量时间的方法了。[14]尽管时间测量法起源于中国——正如人们从描述的时间图像中读出的那样，时至今日，机械测量出的时间尚未使人们得以完全统治一切领域的时间生活。

比如说，精确的时间测量法并不适用于乡村生活，它在农业中创作出截然不同的时间图像——即使乡村生活如今被视为落后、需要摒弃的。如今，中国城市飞速兴起，这些名字尚不为世界所知的城市，有着数百万人口，规模远超德国城市，但中国还深深地受到农耕文明的影响。即使一些经济、技术和政治领域的新生事物进入我们所认知的中国形象时，上述情况也同样适用。在农村，劳作的过程是严格按照日月的**轮回**和季节的**交替循环**来规定的。度量的时间提供了一种个人的方向，但对劳作过程本身而言却是无足轻重的。没有日期约定，也没有期限——只有日复一日、年复一年重复着的循环——相同者的持续轮回。与公园的时间图像有所不同的是，人们并未超脱而埋首于当下的活动中，而是随着劳作臣服于大自然的时序。大自然规定好需要做什么，何时播种，何时收获——还有自然和人类何时休憩，即农闲时节。陆游（1125-1210）有首诗说得好："野人无历日，鸟啼知四时；二月闻子规，春耕不可迟。"[15]

王维（701-761）在《渭川田家》中哀叹道，他的时代与田园生活和它的生活节奏相比，已然失却了闲情和质朴。[16]

斜阳照墟落，穷巷牛羊归。

*Ein alter Bauer wartet
Vorm Tor aus Dornengeflecht,
Schaut, auf den Stock gestützt,
Aus nach dem jungen Knecht.
Schrei der Fasane schallt
Aus hohem Weizen her.
Die Seidenraupen schlafen,
Der Maulbeerbaum ist leer.
Wo Bauern sich begegnen,
Plaudern sie eine Weile,
Die Hacke auf der Schulter,
Und haben keine Eile.
Neid fühle ich vor der Muße
Althergebrachter Welt,
Und was ich singe, klagt,
Daß Einfachheit verfällt."*

Die Zeit als Zyklus bestimmt auch das Leben von Familien; der natürliche Zyklus des Geborenwerdens, des Aufwachsens, Alterns und Sterbens. Zyklus heißt, Anfang und Ende in eins zu sein, ständiger Wandel. Es bedeutet, mit der Geburt seinen Tod in sich zu tragen. Eine berührende Stelle in Rilkes *Duineser Elegien*[17] drückt das Zugleich von Kindhaftem und eigenem Tod aus:

*„Wer zeigt dem Kind, so wie es steht? Wer stellt
es ins Gestirn und gibt das Maß des Abstands
ihm an die Hand? ...
Aber dies:
den Tod, den ganzen Tod, noch vor dem Leben so
sanft zu enthalten und nicht bös zu sein
ist unbeschreiblich."*

Mit den Bildern von Zyklus und der Zeit als Kreis sind wir buddhistischen Vorstellungen nahe, wie sie HANSHAN, 7 Jh. in seinem Gedicht *Kreislauf* ausdrückt.[18]

*„Wenn Du Dir eine Vorstellung machen willst von
Leben und Tod,
dann denke nur an Wasser und Eis.
Wasser erstarrt nämlich zu Eis,
das schmilzt und wieder Wasser wird:
so wie das, was stirbt,
erneut zum Leben erwacht,
und das, was entsteht,
einmal ein Ende finden muss.
In derselben Weise,
in der Wasser und Eis
einander in nichts nachstehen,
sind Leben und Tod
gleichermaßen segensreich."*

Das Leben von Familien prägt die Gesellschaft Chinas stärker als das bei uns der Fall ist. In Gesprächen spielt Familie deshalb neben Ausbildung und Beruf eine zentrale Rolle. Sie ist definiert durch Liebe und Fürsorge sowie durch klare Pflichten zwischen Eltern und Kindern, Dankbarkeit und Respekt den Älteren, auch Fremden gegenüber. Konfuzius und seine Sätze über Liebe zu den Kindern, das Verhältnis der Kinder zu ihren Eltern, über Respekt – bis hin zum unbedingten Gehorsam – beeinflussen den Alltag bis heute. Das gilt auch für ein übertragenes familiäres Verständnis des Verhältnisses zu Regierung und Kaiser. Vermutlich spielt dabei auch die agrarische Kultur und das bedingungslose Aufeinanderangewiesensein in harten Zeiten nach wie vor eine Rolle. Im gegenwärtigen China scheint sich aber auch dieses zu relativieren. Familiäre Bindungen lockern sich, allein durch die räumliche Entfernung der Kinder, die ihre Pflicht nicht mehr erfüllen können, für ihre Eltern zu sorgen. Differente Ziele, Lebensräume und Zeitmaße bringen das unausweichlich mit sich. Die zentrale Bedeutung der Arbeit auf dem Lande und des Familienlebens in China bilden die Wurzeln für zyklisches Zeiterleben, nach wie vor weit über diese Bereiche selbst hinaus.

> 野老念牧童，倚杖候荆扉。
>
> 雉雊麦苗秀，蚕眠桑叶稀。
>
> 田夫荷锄至，相见语依依。
>
> 即此羡闲逸，怅然吟式微。

循环的时间也决定了**家庭生活**；即出生、成长、变老和死亡的自然循环。循环的意思是，起点和终点归一，不停地转换，出生即承载着死亡。里尔克的《杜伊诺哀歌》[17]中有一段十分感人，表达了孩童般的天真无邪和自己的死亡的同一性。

> "谁展示一个儿童，一如他之在？
>
> 谁置他于天体之中，把距离的尺度
>
> 交于他手中？
>
> ……
>
> 但这样：早在生之前如此柔和地
>
> 包含死，整个死，并且毫不介意，
>
> 这不可形容。"

（注：译文选自里尔克、赛勒等著，林克译：《〈杜伊诺哀歌〉和现代基督教思想》）

循环的图像和环形的时间令我们联想到佛教思想，正如诗人寒山（公元7世纪）在诗歌《欲识生死譬》中所表达的那样。[18]

> "欲识生死譬，且将冰水比。
>
> 水结即成冰，冰消返成水。
>
> 已死必应生，出生还复死。
>
> 冰水不相伤，生死还双美。"

家庭生活给中国社会打上的烙印要比我们西方国家来得深。因此，在《论语》中，家庭扮演了除教育和工作外最重要的角色，它是通过爱、关怀、父母和子女间明确的义务、对长者和陌生人的感恩和尊重等来定义的。孔子和他有关父母爱子女、子女与父母的关系、尊重父母甚至是无条件顺从的格言警句，至今仍影响着中国人的日常生活。同理可将与政府和帝王的关系转化为家庭关系去理解。或许在生活艰难的时代，农耕文化和无条件的相互依存始终十分重要。但是，这一点在当代中国似乎也相对化了。家庭关系变松了，只是因为子女的空间距离变远了，不再能够完成照料父母的义务。不同的目标、生活空间和节奏不可避免地带来了这样的变化。田间劳作和家庭生活在中国的重要意义是循环时间体验的根源所在，一直以来都远远超越了这些领域本身。

Es scheint, als ob sich die Verschiedenheit des Verhältnisses zur Zeit in den Kulturen Chinas und des Westens auch in der Art und Weise zeigt, wie *Erinnerungen* literarisch gefasst werden. Das soll an einigen wenigen Beispielen deutlich werden. Als klassisches westliches Beispiel, für das, was Erinnerung ist und was sie für unser Leben bedeutet, kann Marcel Prousts *Auf der Suche nach der verlorenen Zeit* dienen. Er entfaltet bis in viele Facetten hinein die unser Leben prägende, gewaltige Macht erinnerter Momente – und zugleich unsere Ohnmacht ihnen gegenüber, weil wir nicht über sie verfügen. Wir können Erinnerungen evozieren, aus der Vergangenheit in unser Gedächtnis zurückrufen, sie folgen dann aber ihrer eigenen Gesetzmäßigkeit. Wir können versuchen, sie eine zeitlang beiseite zu schieben, wissen aber zugleich, dass sie zurückkehren. Proust beschreibt das zufällige Auftauchen von in der Vergangenheit erlebter Momente in das gegenwärtige Bewusstsein hinein und verfolgt sie in ihren Veränderungen durch die Zeit. Zufällig, weil Erinnerungen auftauchen aufgrund eines nicht steuerbaren Erlebnisses. Ein in Tee getauchtes Gebäck, „Madeleine", ist auf diese Weise berühmt geworden. Ihr Geschmack bringt Proust die Welt seiner Tage in Combray in Erinnerung, einmalig, denn in der Wiederholung desselben Tuns wiederholt sich die Erinnerung nicht. Ein weiteres Beispiel ist die Erinnerung an Albertine.[19]

> *„Diese Momente der Vergangenheit ... sind nicht unverrückbar; sie behalten in unserem Gedächtnis die Bewegung bei, die sie der Zukunft entgegentrug – einer Zukunft entgegen, die dann ihrerseits Vergangenheit geworden war – und uns selbst mit sich zog ... Nicht allein Albertine war eine Aufeinanderfolge von Augenblicken; sondern auch ich selbst ... In einer Menge können die einzelnen Augenblicke nacheinander, ohne daß man es bemerkt, durch andere ersetzt, diese aber durch wiederum neue so gründlich ausgeschaltet werden, daß schließlich ein Wechsel vollzogen ist, den man nicht begreifen könnte, wenn man ein einziger wäre."*

Erinnerte Augenblicke springen, so wie Proust sie beschreibt, aus dem Kontinuum der Zeit heraus. Sie bilden ihr eigenes Kontinuum individuell erinnerter Momente unserer Lebenszeit. Sie springen sogar aus der Identität der sich erinnernden Person heraus und zersplittern *eine* Person in verschiedene Identitäten. Proust beschreibt subjektive Verformungen der Zeit. In einem Brief vom September 1921 bezieht sich Proust auf Albert Einstein: „Man mag mir noch so oft schreiben, dass ich von ihm herkomme oder er von mir, ich verstehe kein Wort von seinen Theorien, da ich kein Algebra kann. Und ich bezweifle, dass er seinerseits meine Romane gelesen hat. Es heißt, wir hätten eine ähnliche Art, die Zeit zu verformen".[20] Was heißt es, die Zeit zu verformen? Proust verwendet hier einen Begriff, der einen Grundsatz der Allgemeinen Relativitätstheorie zu beschreiben versucht: sehr große rotierende Massen verformen die Raumzeit um sich herum. Zeit wird in der Nähe bestimmter galaktischer Objekte verzerrt, ihre grundsätzliche Linearität wird verformt oder verzerrt. Theoretisch könnten also bestimmte Materieformen Raum und Zeit so stark krümmen, dass die Zeit in sich selbst zurückläuft. Wir erinnern uns an Nietzsches Bild vom Torweg und der in sich zurücklaufenden, kreisförmigen Zeit. Es wäre interessant, der Frage nachzugehen, ob die Nähe der Terminologie von Physik und Poesie, Zeit zu verformen, eine historisch belegbare Quelle hat.

Alan Lightman, ein dichtender Experte für Zeit, Astrophysiker am MIT, imaginiert sogar eine Welt, in der Zeit nicht gemessen werden kann.[21] Wie bei Prousts „Madeleine" prägen sich Ereignisse ein,

> *„indem man sich an die Farbe des Himmels erinnert, an den Tonfall des Bootsmanns auf der Aare, an das Gefühl des Glücks oder der Furcht, die man empfindet, wenn eine Person ein Zimmer betritt. Die Geburt eines Kindes, die Erteilung eines Patents für eine Erfindung, die Begegnung zweier Menschen sind fixierten Punkten in der Zeit, die sich mit der Angabe von Stunde und Minute festhalten*

十五 回忆瞬间的时间——变形的时间

在中西文化中时间关系的差异似乎体现为**回忆**在文学中不同的呈现方式。为数不多的几个例子清楚地说明了这一点。若要举一部西方经典作为例子,来展现什么是回忆、回忆对我们的生命意味着什么,首推普鲁斯特的《**追忆逝水年华**》。普鲁斯特深入多个方面,展开了回忆时刻中给我们生活**打上烙印的强大力量**——同时还有我们对这些瞬间的无力,因为我们无法拥有它们。我们能够唤起回忆,将它们从过去唤回到我们的记忆中去,不过,回忆遵循着自己的规律。我们可以尝试将回忆推到一边去,但我们得知道,它们会回来的。普鲁斯特描写了过去经历过的时刻偶然浮现在现在的意识中,并追踪它们随着时间而产生的变化。偶然,是因为回忆的浮现源自一段难以掌控的经历。一块蘸入茶汤中的糕点"玛德莲",以这样的方式闻名于世。它的味道唤起了普鲁斯特记忆中在贡布雷度过的日子,只是一次性地,因为重复这个动作回忆并未重现。另一个例子是对阿尔贝蒂娜的回忆。[19]

"过去的时刻……并非不可动摇;它们在我们的记忆中保存了与未来时刻背道而驰的运动——与未来相背,从它的角度看,未来已成为过去——牵引着我们一道前行……不仅阿尔贝蒂娜是连续的瞬间,我自己本身也是……在大量瞬间涌来之时,单独的瞬间可以一个接一个地被其他瞬间替代,而不为人觉察,但其他瞬间会重新被新的瞬间彻底关上,最终会发生人们无法理解的转变,如果人们是唯一的话。"

回忆的瞬间会跳出**时间**的连续性,正如普鲁斯特所描写的那样。这些瞬间会构成**自己的连续性**,由我们一辈子的回忆时刻构成。它们甚至跳出回忆者的身份,将一个人打碎成各种不同的身份。普鲁斯特描述了**时间的主观变形**。在1921年9月的一封信中,普鲁斯特提到了爱因斯坦:"人们可能还是会经常写信给我,认为我的观点来自于他,或他的观点来自于我,他的观点我一个字都不懂,因为我不会代数。我怀疑,他那边儿是读过我的小说的。这就是说,我们变形时间的方式有相似之处。"[20]什么叫变形时间呢?普鲁斯特在此运用了一个概念,尝试描述广义相对论的原理:巨大的旋转物围绕着时空运转,使之发生弯曲。时间在特定的银河系天体附近产生变形,其基本的直线性产生了**变形或扭曲**。从理论上来说,特定的材料形式可能会使空间和时间产生弯曲,导致时间在自身内部折返。我们还记得尼采的门道和折返的、环形的时间图像。深入探究一下**扭曲时间**的物理学术语和诗歌术语之间的接近是否有历史文献可以证明,应该挺有意思。

ließen. Alle Ereignisse gleiten vielmehr durch den Raum der Imagination, materialisieren sich durch einen Blick, ein Begehren. Die Zeit zwischen zwei Ereignissen kann entsprechend lang oder kurz sein, je nach den kontrastierenden Ereignissen, der Intensität der Beleuchtung, dem Verhältnis von Licht und Schatten, dem Blickpunkt der Beteiligten. Manche versuchen, die Zeit zu quantifizieren, sie zu zergliedern und aufzuteilen. Sie werden in Stein verwandelt ... Schließlich werden diese Statuen dem Steinbruchbesitzer gebracht, der sie in gleichmäßige Teile zersägt und zum Hausbau verkauft, wenn er Geld braucht."

Wenn Proust den Prozess des Sich-Erinnerns und die Folgen unmittelbar an das sich erinnernde Subjekt, also die dichterische Figur und deren Lebensgeschichte bindet, fällt auf, dass das Thema *Erinnerung* in Gedichten des alten China anders aufgenommen wird. Die Bilder, in denen *Erinnerung* dort gezeigt werden, sind vom sich erinnernden Subjekt losgelöst. Erinnerte Augenblicke werden in lyrische, oft tradierte Bilder gefasst, die das mit einem bestimmten Augenblick verbundene Gefühl des Wiedererkennens, wie bei der „Madeleine", der Trauer über den Verlust der Jugend, die Klage über Vergangenes, den Kummer über Verlorenes – Heimat, Ämter, Freunde, Geliebte beschreiben. Die Bilder beschreiben allgemeine, unser Leben generell kennzeichnende Situationen, in denen das Ich des Dichters, wenn es überhaupt benannt ist, nur als Träger einer lebenstypischen Situation auftaucht. Verbunden werden die Motive mit bildhaften Vergleichen aus der Natur, die das spurlose Vergehen von Zeit und menschlichem Leben nachvollziehbar machen: Vogelzüge am Himmel, sich ständig bewegende und verändernde Wolkenbilder, der Wind, verwehender Sand, Wellenbewegungen und fließendes Wasser. HUANG Tingjian, 1045–1105: „Schriftzeichen, von Wildgänsen in den karmesinroten / Himmel geschrieben, / Verwehendes Nichts / Und fester doch als das Leben des Menschen." Das sich erinnernde Subjekt tritt nicht nur hinter das Bild zurück, es verschwindet in ihm. Die verwendeten Bilder sind auch Zeitbilder, aber solche, die in ihrer Allgemeinheit für sich stehen und nicht solche, die, wie bei Proust, den konkreten Prozeß des Erinnerns einer bestimmten Person beschreiben.

So in dem Gedicht *Wiederaufsuchen vertrauter Orte* von SU Dung-Po, 1037–1101[22]:

*„O diese Felder bringen mir Erinnerung,
der Mond steht wieder über den östlichen Hügeln,
die Winde sind mir bekannt von vielen Abenden.
Wann lebte ich hier? Ich bin ein Greis,
mein Herz ist grau wie mein Haar."
Ich sehe traurig auf die östlichen Hügel,
auf denen der Mond steht, halb und schräg."*

艾伦·莱特曼是一位著书立说研究时间的专家，也是麻省理工学院的天体物理学家，他甚至想象出一个无法度量时间的世界。[21]就像普鲁斯特的"玛德莲蛋糕"记录了不同寻常的事情，

"其方法是回忆天空的颜色，回忆阿勒河上水手的调子，回忆幸福的感觉或是回忆闯入陌生房间时感受到的恐惧。孩子的出世，颁发发明专利，两个人的邂逅都是时间中的固定点，随着分分秒秒被固定下来。更确切地说，所有事件均滑过想象空间，通过一个眼神、一场追求物质化了。相应地，根据事件之间反差、阐明的深度、光影的比例和参与者的观点不同，两件事之间的时间可长可短。也有人尝试将时间进行量化，加以肢解并分开。它们会转化为石头……最后，雕塑会被送到采石场主那，采石场主会把它们锯成大小相同的小石块，需要钱的时候，就把它们卖给建房子的人。"

普鲁斯特将回忆的过程和后果直接和**回忆主体**，即文学作品中的人物及其生活史结合起来，而值得注意的是，中国古代诗歌中的**回忆**主题的呈现则截然不同。那些展示回忆的图像，是与回忆主体剥离开来的。被回忆的瞬间镶嵌到诗意的、通常是口语化的画面中，这些画面描述了与某一瞬间相连的重新认知的感觉（就像"玛德莲蛋糕"），对逝去的青春年华的感伤，对逝去事物的哀叹，对失去家乡、仕途、朋友、恋人的忧思。这些画面描绘的是一般的、具有生活普遍特征的情景，其中的诗人"我"，如果提到的话，只是作为**典型人生境遇**的承载者而出现。与之相联系的是各类母题与大自然的生动类比，使人得以领会**时间和人生不留痕迹的流逝**：天空中大雁迁徙、白云苍狗、风沙漫天、波涛汹涌和流水无情。黄庭坚(1045-1105)："雁字一行书降霜/虚飘飘/比人身世犹坚牢"。回忆主题不仅退到画面之后，甚至消失在画面中。所使用的画面也是时间图像，不过用的是那些具有普遍代表性的，而不是那些，像普鲁斯特那样，描写特定某人的具体回忆过程的图像。

就像苏东坡(1037-1101)的这首《重访故地》[22]中所写：

这片土地给我带来回忆，
月亮又挂在东边的山头，
风很熟悉，我在这里度过许多夜晚。
我何时生活在此？我是位白发老者，
我的心和我的头发一样灰白。
我悲伤地望着东边的山坡，
一弯月亮斜斜地挂在那儿。

（译注：在《苏轼全集》中找不到该诗原文，因而自译。很有可能不是苏轼的诗。）

XVI Zeitklage alter Männer

Die Klage über das Vergehen der Zeit und die Veränderungen im Leben ist so alt wie es Erinnerung an Vergangenes und Blick auf die Zukunft gibt – nicht nur in China. Sie ist ein häufiges Motiv in klassischen chinesischen Gedichten, um verronnene, alt gewordene Zeit in Bilder zu fassen. Beklagt werden Verluste: an Muße und Einfachheit, über die immer schneller verfließende Zeit, der Tod von Freunden, der Verlust althergebrachter Tugenden, über Abschiede, die entfernt lebende Familie, von verlorenem Respekt dem Alter gegenüber, Verlust öffentlicher Anerkennung. Wehmütige Klage über vergangene und verlorene Lebensspannen und sorgenvoller Blick in eine ungewisse Zukunft. Seltsamerweise überwiegen Klage und Sorge und nicht der hoffnungsvolle Aufbruch mit den schier unendlichen Möglichkeiten, die Leben auch gegen sein Ende Jedem bietet.

Veränderungen, die Verlust bedeuten, zugleich aber Gewinn sind, weil sie eine *neue* Verfasstheit des Bewusstseins mit sich bringen, werden beschrieben als Abgeklärtheit, Erlösung vom Begehren, Friede, der Idee einer höheren Stufe des Seins im buddhistischen Sinne näher gekommen zu sein.

WANG Wei, 701–761, *Klage über mein weißes Haar* [23]

„*Das einst so rosige Gesicht*
vom Alter überdämmert,
Der jugendliche Schopf so bald
wurde zu weißem Haar.
Was kann nicht alles unser Herz verwunden
in einem Menschenleben,
Hätt' ich dem Dharma mich nicht zugewandt,
wo fände ich dann Frieden?"

Im chinesischen Text steht (statt Dharma) Tor der Leere. Das bezeichnet, worum es eigentlich geht, nämlich im Alter mit Blick auf das Ende seiner Zeit einen Eingang zu dem Frieden zu finden, den das Leben selbst nicht gewährt. In einem weiteren Gedicht von WANG Wei, *Antwort an Forstminister Chang* [24], wird das noch deutlicher:

„*Die späten Jahre widme ich mich ganz der Stille,*
Der Welt Geschäfte kümmern mein Herz nicht mehr.
Zurückgewandt aufs Selbst, ganz ohne große Pläne,
Des Wissens leer kehre ich wieder in die Heimat.
Wind aus den Föhren läßt die gelöste Schärpe flattern,
Der Mond überm Berg leuchtet zu meinem Zitherspiel.
Du fragst mich, wie ich stehe zu Mißlingen und Erfolg?
Des Fischers Lied klingt weit das Flußufer herauf …"

对时间流逝和生活改变的哀叹与对过去的回忆和对未来的展望一样古老——不仅仅在中国。它是中国古典诗歌中常见的母题，借此可以将流逝的、老去的时光用图像表达出来。哀叹的是悠闲和简单的失去，流逝得越来越快的时间，朋友的去世，传统美德的沦丧，与远方家人的离别，对老年人的不尊重和公众认可的流失。对过去和逝去的生命时期的痛苦哀叹，对不确定的未来充满担忧的目光。说来奇怪，占上风的总是哀叹和担忧，而不是充满希望地开始面对生命将尽时给每个人提供的近乎无穷无尽的可能性。

那些意味着失去的变化，同时也是获得，因为他们带来了**意识的新状态**，被描述为大彻大悟，从追求中解脱，平和，离禅宗里存在的更高境界更近了。

王维(701–761)，《叹白发》(23)

> 宿昔朱颜成暮齿，须臾白发变垂髫。
> 一生几许伤心事，不向空门何处销。

原诗中有"**空门**"二字(非佛教教义)。这就说明了该诗的本意，即年老时望向时间的尽头，找到了生命本身并未提供的通向平和的入口。在王维的另一首诗《酬张少府》(24)中，这一点体现得更明显。

> 晚年唯好静，万事不关心。
> 自顾无长策，空知返旧林。
> 松风吹解带，山月照弹琴。
> 君问穷通理，渔歌入浦深。

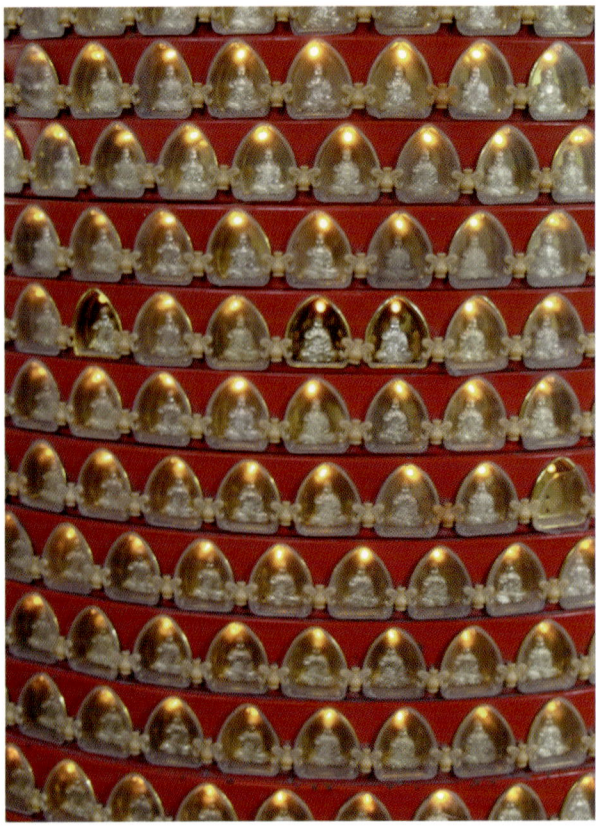

Ein *Ende von Zeit* überhaupt gibt es in diesen Zeitbildern nicht. Die uns durch das Christentum vertraute eschatologische Vorstellung vom Ende aller Zeiten ist ihnen fremd.

Im Bild des ewigen Wandels und der Zeit als Kreis kann es kein Ende von Bewegung geben, sondern nur den natürlichen Kreislauf von Entstehen und Vergehen. Leben und Schicksal des Menschen sind darin aufgehoben, und sich dagegen zu stemmen oder etwas künstlich zu fördern, bewirken nichts. Das heißt, sich diesem Kreislauf zu überlassen, aber nicht passiv, sondern ein ethisch bestimmtes Leben im Hier und Jetzt des Diesseits zu führen, das dieser Einsicht folgt.

Im *Buch der Wandlungen*, I GING, 24.FU, Die Wiederkehr, Die Wendezeit, einer zentralen geistesgeschichtlichen Schrift Chinas aus dem 3. Jahrtausend v. Chr., gilt die Idee der Zeit als Zyklus[25]:

> „Es ist ... eine natürliche Bewegung, die sich von selbst ergibt. Darum ist die Umgestaltung des Alten auch ganz leicht. Altes wird abgeschafft, Neues wird eingeführt, beides entspricht der Zeit und bringt daher keinen Schaden... Die Wiederkehr ist im Naturlauf begründet. Die Bewegung ist kreisförmig. Der Weg ist in sich geschlossen. Darum braucht man nichts künstlich zu überstürzen. Es kommt alles von selber, wie es an der Zeit ist."

Wendezeit kennzeichnet die Phase des natürlichen Wandels der Zeiten, die zusammen einen unendlichen Kreislauf bilden. Der Sinologe Rudolph Wilhelm zitiert im gleichen Zusammenhang aus den *Gesprächen* Lun Yu (IX,16) „wie der Meister Kung an einem Fluß stand und sprach: 'So fließt alles dahin wie dieser Fluß, ohne Aufhalten, Tag und Nacht'. Damit ist der Gedanke der Wandlung ausgesprochen. Der Blick richtet sich für den, der die Wandlung erkannt hat, nicht mehr auf die vorüberfließenden Einzeldinge, sondern auf das unwandelbare ewige Gesetz, das in allem Wandel wirkt. Dieses Gesetz ist der SINN des Laotse, der Lauf, das Eine in allem Vielen".

在中国人的时间图像中，并没有**时间尽头**一说。西方人因基督教而熟悉的、代表时间尽头的末日论，于中国人而言则相当陌生。永恒变化和时间轮回的图像中不可能有运动的尽头，只有产生和逝去的自然循环。人的生活和命运蕴藏其中，与此对抗或是刻意推动均没有什么效果。这就是说，将自己托付给循环，但并不是消极地交付，而是在此岸的当下去经营一段受道德限制的人生，一段遵循这一观点的人生。

《**易经**》是中国公元前三世纪的一部重要的思想史著作，其第二十四卦"复"认为这一时间观是一种循环[25]："这是……一种自为因果的自然运动。因此重塑旧事物亦相当容易。废除旧事物，引入新事物，两者均符合时间规律，因此也不会造成损害……'复'在自然运转中是有理有据的。该运动是环形的，道路在内部闭合，因此人们毋须人为地仓促行事。一切源起于自身，就像时间那样。"

转折时刻表明时间自然变化的阶段，这些时间连起来构成一个无穷无尽的循环。汉学家卫礼贤在同一关联处引用了《**论语**》："子在川上曰：'逝者如斯夫，不舍昼夜！'"表达了变化的思想。其目光落在了认识到变化的事物身上，不再落在消逝的个别事物身上，而是关注永恒不变、适用于一切变化的法则。这一法则正是老子的"道"，道生一，一生二，二生三，三生万物。"

Absicht war, sich Chinesischen Zeitbildern erzählend zu nähern. Es sollte deutlich werden, dass es Orte und Formen gibt, die erlauben, aus dem Alltag herausgehobene Zeit sinnvoll und glücklich zu leben, vor allem gemeinsam. Damit verbunden ist die Fähigkeit, sich als Teil eines – wenn auch vorübergehenden – Ganzen zu verstehen und seine Interessen als Einzelner zurücktreten zu lassen. Gehören vielleicht lineares Zeitverständnis und zentrale Bedeutung von Individualität statt von Gemeinschaft zusammen? Wenn das richtig ist, wird verständlich, warum Chinesische Zeitbilder nahezu durchgehend von *gemeinsam* verbrachter Lebenszeit geprägt sind. Das gilt für Park, Garten, Tempel und Familie, selbst für Teile der Arbeitswelt in China.

Das Gefühl, zusammenzugehören, einer Gruppe oder einem Kollektiv anzugehören, reicht bis zum Selbstverständnis von Einheiten der Staatsverwaltung Chinas. Alles das sind allerdings Themenfelder, die nicht im Mittelpunkt des aktuellen öffentlichen Interesses an China stehen; im Gegensatz etwa zu Themen der Politik, Technik und Ökonomie, ja, auch Wissenschaft – also den Bereichen, in denen bislang vor allem westliche Maßstäbe gelten.

Die Zeit als gemessene Zeit und ein lineares Zeitverständnis, so wie es unser westliches Alltagsleben beherrscht, lässt für unser Leben wichtige Möglichkeiten, mit Zeit glückhaft umzugehen, kaum noch sehen oder ganz aus dem Blick geraten. Das geschieht auch, weil ein lineares Verständnis von Zeit uns vorspiegelt, wir verfügten als Individuum Tag für Tag über ein unendliches Maß an Lebenszeit – Augenblick für Augenblick. Selbst wenn ich mir das Kontinuum von Zeit als nur von Zeit zu Zeit unterbrochen vorstelle, bleibt es objektiv bei *einer* Linie. Als diskontinuierlich erlebe ich sie deshalb, weil ich mir *einen* Zeitpunkt nur bewusst mache, wenn es dafür einen konkreten Anlaß gibt, und ich – metaphorisch gesprochen – einen „Knoten" brauche, um mich im Ablauf der Zeit orientieren zu können. Knoten unterbrechen eine Linie so, wie Knoten eines Bindfadens seinen Ablauf unterbrechen. Punkt – Linie – Knoten. Wir stoßen auf *Knoten* und knüpfen oder lösen sie, wenn es darum geht, uns das, was unbefragt geschieht, vor Augen zu führen und unser Leben zu verstehen und uns womöglich neu zu orientieren. Knoten lassen uns innehalten. Auch die in sich ruhende Idee einer kreisförmigen Zeit geht davon aus, dass sich die Geschehnisse unendlich, also kontinuierlich wiederholen – ohne dass sie sich mit der Idee eines Fortschritts verbinden muss.

Ständiger Wandel und die mit ihm verbundenen Veränderungen prägen unser Leben, und die Versuchung ist groß, Bestehendes gegen sein Verschwinden festhalten zu wollen. Aber so, wie ein Wandel von Verhältnissen Leben erschüttern kann, kann es das Festhalten auch – beides kann gewaltsam und zerstörerisch sein. Auch das Beständige im Wandel – ein Topos westlicher Philosophie seit Heraklit – tröstet nicht, sondern schafft allenfalls die hilfreiche Vorstellung, dass unsere Zeit sich durch die Zeit unserer Kinder und deren Kinder fortsetzt. Es gibt allerdings einen entscheidenden Unterschied: den Wandel in meiner Zeit *erlebe* ich, das Beständige des Wandels dagegen ist ein „zeitloser", abstrakter Gedanke, ein Gedanke, den ich haben, aber nicht erleben kann – ein Gedanke allerdings, der geeignet ist, einzelne Geschehnisse im Fluss meines Lebens zu relativieren und mich als Betrachter dieses Flusses in eine ruhige Freiheit zu entlassen.

Die festgelegte Form, ja, das Rituelle, in dem in den beschriebenen Chinesischen Zeitbildern Zeit aus dem beständigen Wandel herausgehoben und neben oder in der abstrakt

笔者的意图在于以叙述的方式走近中国人的时间图像。有一点应说明：人们可以将平淡的日常生活中的时间过得幸福且有意义，尤其是共同度过，世间是存在这样的地方和形式的。与此相连的是，将自己理解为——即使只是暂时的——整体的一部分的能力和作为个体将个人利益放在整体之后的能力。或许线性的时间理解与个性而非集体的重要意义是息息相关的？如果该说法是正确的话，那么为什么中国人的时间图像几乎贯穿**共同度过**的人生时间就容易理解了。这个说法适用于公园、花园、庙宇和家庭，甚至部分适用于中国人的工作世界。

这种休戚相关、**属于某一团队或集体的感觉**，可延伸至中国国家管理体系中每个单位的自我认知。不过这些领域并非是目前中国公共利益之中心议题；与之相对的是政治、技术、经济和科学领域的议题——这些领域中迄今为止主要通行的还是西方的衡量标准。

时间是被度量的时间，也是统治着我们西方人日常生活的、线性的时间理解，使得对于我们生活很重要的、幸福对待时间的可能性，几乎已经无从得见，或是已然完全从视线中消失。另一种情况是：对时间的线性理解欺骗了我们，让我们误以为作为个体可以日复一日地拥有无穷无尽的时间——一瞬间接着一瞬间。即使当我把时间的连续性想象成只是连续不断地从时间到时间，它便客观地停留在**一条**直线上。因此我断断续续地体验时间，因为当有具体的事由时，我只去意识到一个**时间点**，而我——打个比方来说——需要一个结，使自己在时间的洪流中找到方向。由点到线，由线到结；当涉及到一些出其不意发生在我们眼前的事情并且要理解人生的时候，我们需要打上**结**或解开**结**。环形时间的静止观点的来源是，一件件事情没有尽头、连续不断地重复——毋须与进步理念联系起来。

不断的变化和与之相联系的变化给我们的生活打上烙印，存在的事物苦苦坚持、不想消失的尝试，也对生活产生很大的影响。然而，正如情况的变化会使生活发生震动，坚持同样也会——两者均暴力且具有破坏性。即使是变化中的衡常——这是自赫拉克利特以来西方哲学的一个普通概念——也无法给予安慰，而是在万不得已时造出一个颇有帮助的念想，即：**我们的**时间会通过我们孩子以及孩子的孩子延续下去。但此处有一个决定性的差异：我**经历**的是我的时代的变化，而变化中的衡常则是"不受时代限制的"，是抽象的思想，是一种我拥有却无法体验的思想——但这种思想却适合**将我生命长河中的单个事件相对化，把我作为这条河流的观察者释放到安静的自由中去。**

在中国人的时间图像中，时间从不停的变化中抽离出来，与可抽象度量的时间同在。确定的形式，没错，仪式化的东西，避免了种种一直可能的、几乎相同的重复所带来的变化。尽管有各种变化，这种固定的形式始终如一。这来自于不停变化的抽象思想，就像《易经》所描述的那样，以口头的形式实现，在这种形式中进行共同的行动。中国人的时间

gemessenen Zeit gemeinsam gelebt wird, entgeht jeder Veränderung durch die ständig mögliche, nahezu identische Wiederholung. Sie bleibt trotz allen Wandels gleich. Das fließt aus dem abstrakten Gedanken des beständigen Wandels, wie er im I GING beschrieben wird und wird realisiert in der tradierten Form, in der das gemeinsame Tun begangen oder zelebriert wird. Chinesische Zeitbilder ergeben sich aus viele Jahrhunderte alten Traditionen und deren kulturellem Zusammenhang in China; Buddhismus, Taoismus und eine konfuzianische Tradition bestimmen wesentlich das Verhältnis von Individualität und Gemeinschaft in der alltäglichen Lebenspraxis, in Familie und Arbeit.

Die beschriebenen Chinesischen Zeitbilder sind nicht sprachlich. Sie bedürfen keiner sprachlichen Verständigung unter den teilnehmenden Menschen, wenn sie gelebt werden. Sie bedürfen allein innerer Konzentration, Anstrengung und Disziplin und der Bereitschaft, sich in einen gemeinsamen, geregelten und damit harmonischen Rahmen zu stellen.

Chinesische Zeitbilder zeigen uns eine für andere Menschen offene Sozialität, eine, in der das jeweilige „Ich" zurücktritt, ohne dabei zu verschwinden, weil es stets Grundlage allen Tuns bleibt. In dieser grundsätzlich offenen Sozialität und ihrem je spezifischen Zeitleben wird das Individuum „mehr" als es zuvor war. Es gewinnt ein Mehr an Substanz: an Gelingen, an Freude, vielleicht ja auch an Glück am erfüllenden Zusammen mit anderen Menschen. Entscheidend für das Gelingen dieser Sozialität ist dabei gemeinsam vollzogenes Tun in der mit ihm verbundenen Strenge und Disziplin und einem für alle gleich geltendem ästhetischen Anspruch. Gemeinsames Tun, das aus alter Kultur und ihrer Geschichte kommt – und als solches einen Entwurf von möglichem Leben darstellt, wie ihn Menschen in Vergangenheit, Gegenwart und Zukunft entfalten konnten und können. Das „Wir" dieser Sozialität ist nicht nur die Versammlung mehr oder weniger zufällig zusammenkommender Individuen, sondern ein „Wir", in das sich Menschen aus sich heraus einfügen und mit ihrem Können und Wissen um die Regeln ihrer Sozialität in eine historische Tradition stellen. Es bedarf nur der Entscheidung jedes Einzelnen in das gemeinsame Tun einzutreten und dessen Regeln fraglos zu folgen: Schwertkampf, Musizieren, Tanzen. Ein gemeinsames Tun, das auf glückendes und beglückendes Miteinander angelegt ist und nicht auf konkurrierenden Wettbewerb.

Unser westliches Leben bestimmt vor allem die Zeit als gemessene Zeit. Ihr überlassen wir uns weitgehend blind. Zugleich aber wissen wir um andere Formen des Zeitlebens und erinnern uns an glückliche – auch kindhaft glückliche – Zeiten, in denen sie nicht die maßgebende Rolle gespielt hat, die sie aktuell spielt. Wenn wir uns vor dem unerbittlichen Ablauf der Zeit „retten" wollen, fliehen wir in einen Urlaub, in eine „Aus-Zeit", in den selbstverständlichen Schutz der Familie oder in die Einsamkeit wissenschaftlicher oder künstlerischer Arbeit. Die Frage ist nicht zu beantworten, ob das, was unter gelebter Eigenzeit in den genannten Beispielen gemeint ist, auch ohne Bewußtsein der Zeit möglich wäre. Vermutlich ja.

图像源自于中国数千年的古老传统和文化语境；儒、道、释三教从根本上决定了日常生活实践中、家庭工作中个性和共性间的关系。

中国人的时间图像是**非语言的**。它们毋须与参与人达成语言上的理解，如果他们有相似体验的话。人们需要的只是内在的专注、努力和纪律，并乐意将自己放入到一个正常且和谐的框架中去。

中国人的时间图像向我们展现一种对他人开放的社会性，其中各个"小我"退居幕后，毋须消失，因为一切行为的基础始终存在。在如此**开放的社会性**及其特别的时间生活中，个体比先前更"**多**"，它赢得了更多的物质：赢得了成功，赢得了欢乐，或许还有跟他人在一起的充实的幸福。成功达成这一社会性最重要的是，在与之息息相关的严格纪律的约束下，以一个适用于所有人的审美要求，共同完成一些事情。（尽量避免个性化，而是按照比如太极的规则去做到极致）共同的行为来自于古老的文化和历史——并呈现了古代、现代和未来的人们能够发展出的可能的生活蓝图。该社会性中的"我们"不仅仅是多少因偶然性聚到一起的一群个体的集合，而是走出自我、适应了"我们"的身份，并利用自己的能力和知识，将社会性规则写入传统的人们。需要的只是个体决定加入共同行为、无条件遵守其规则：击剑、演奏、舞蹈等。这一共同行为的目的是，人们的相处成功且带来欢乐，而不是彼此对抗的竞技。

我们西式生活决定了**时间**是被度量的时间。我们一直盲目地将自己托付给这一时间观。但同时我们也知晓了时间生活的其他形式，并回忆起快乐的——甚至是孩童般快乐的时光，那时候，时间还不像现在这样扮演着决定性的角色。如果我们想把自己从**时间无情**的步伐中"解救"出来，我们可以跑去度假，可以叫"暂停"，可以寻求家人理所当然的庇护，也可以在科研或艺术工作的孤独中寻求逃避。上述例子中独自度过的时间是什么意思，是一个没法回答的问题。即使**意识不到时间**的存在也能做到吗？也许可以。

在西方，公园、花园等并非服务于共同行为，而是为了个体休闲而建。根据我们社会生活的规则，作为个体退居幕后、将个人利益抛诸脑后、舍身忘我等理念虽说令人喜爱，但面对取得进步、比赛、竞争的要求，这些理念却会带来亏损，产生负面效应。时间不是金钱，生活也不是效率啊！"聚拢"是中断的反面，为了在一段时间内忘记自己，忘记自己的利益。同时我们知道，从本文化的规则和语境中抽离出来是不可能的，也是没有意义的。规则和文化语境始终是社会和个体存在的基础。

Parks und Gärten dienen bei uns keinem gemeinsamen Tun, sondern individueller Erholung. Als Individuum hinter sich zurückzutreten, eigene Interessen hintanzustellen, Selbstvergessenheit gelten nach den Regeln unseres gesellschaftlichen Lebens zwar als liebenswert, angesichts der Erfordernisse von Vorwärtskommen, von Konkurrenz und Wettbewerb aber eher als defizitär und kontraproduktiv. Zeit ist eben nicht Geld und Leben nicht Effizienz! „Concurrere" ist das Gegenteil von Innehalten, um sich selbst und seine Interessen eine zeitlang zu vergessen. Zugleich wissen wir, dass es unmöglich und auch sinnlos ist, sich aus den eigenen Regeln und ihrem kulturellen Kontext herauszunehmen. Sie bleiben die Grundlage unserer gesellschaftlichen und privaten Existenz.

Chinesische Zeitbilder erinnern uns jedoch daran, dass es Formen gibt, in denen Zeit anders gelebt wird. Wenn es schon nicht möglich ist, der Zeit und ihrem täglichen Diktat zu entrinnen, öffnet der Blick auf Chinesische Zeitbilder die Möglichkeit, beides miteinander zu verbinden und in ein lebbares, harmonisches Gleichgewicht zu setzen; die Tauglichkeit für den Alltag zu bewahren und zugleich die ruhige Freiheit relativierender Betrachtung zu gewinnen.

Beide Formen stehen sowieso unter dem, was anfangs durch WANG Wei und nun durch TAO Yuanming im Gedicht *Die Zeit wartet nicht* (um 410) ausgedrückt wird: einem spurlosen Wandel unseres Lebens.[26]

„Unser Leben
schlägt keine Wurzeln,
es weht einfach dahin:
dem Straßenstaub gleich,
der – vom Wind aufgewirbelt –
nie dauerhaft Gestalt annimmt."

Alles auf dieser Welt ist von Zeit berührt, und wir können sie in Allem anschauen und in Bilder fassen. In der Bilderwelt Chinas steht Wasser symbolisch auch für Täuschung und Verblendung. Die zwei Zeilen von WANG Wei zu Beginn lassen sich also so verstehen: am Ende aller Wasser angekommen, bin ich über alle Täuschungen hinweg. Was ich dann aus meinem Inneren heraus unverstellt schaue, ist das sich unablässig verändernde Bild der Wolken. Alles Feste ist Täuschung. Nichts ist fest.

然而，中国人的时间图像却让我们想起，世间存在着不同的度过时间的形式。如果不能摆脱**时间**和时间对日常生活的强迫，那么，考察中国人的时间形象为我们打开了一种可能性，即：将两者结合到一起，置于一种生活化且和谐的平衡中去；保持对日常生活的合适性，同时赢得相对而言安静的自由。

不管怎么说，中西两种形式都没有逾越开篇中王维的诗歌和陶渊明的《岁月不待人》（约公元410年）所表达的内涵：生命了无痕迹的变化。[26]

> 人生无根蒂，飘如陌上尘。
> 分散逐风转，此已非常身。

世间的一切都触及时间，我们在一切中亦能看到时间，并用图像表达。在中国人的图像世界中，水也代表着幻象和蒙蔽。开篇中引用的王维的两行诗因而可以如此理解：到达了水的尽头，我已越过一切幻象。我从自己内心深处毫不伪装地看到的，是不停变幻的云的图像。一切稳定的东西都是幻象，没有什么是稳固的。

Anmerkungen

1 Rilke, Rainer Maria, Sonette an Orpheus, Erster Teil XII
2 Hegel, Georg Friedrich Wilhelm, Phänomenologie des Geistes. Hg. von J. Hoffmeister, Hamburg 1952, S. 41
3 Burkhardt, Carl. J., Gespräch in Peking. Olten 1942, S. 45
4 Bredekamp, Horst, Galileis denkende Hand. Berlin 2015
5 Kungfutse, Gespräche. Hg. von Richard Wilhelm, Köln 1982, XV 32, S. 161
6 Hölderlin, Friedrich, Sämtliche Werke, Hyperion. Hg. von Friedrich Beissner, Stuttgart 1957, S. 9
7 Vergl. Lübke, Ingrid, Von HOFhäusern und Hutongs zu HOCHhäusern und Stadtautobahnen. Universität Kassel 2004
8 Vergl. Schmidt-Glintzer, Helwig, Zeitbewußtsein im älteren China. In: Das Phänomen Zeit. Hg. von M. Horvat, (Wien 1984), S. 27ff. Sowie auch Lauer, Robert, Temporality and Social Change. In: The Sociological Quarterly 14 (1973), S. 451ff. sowie auch Joung, Peter, The Sociology of Time. In: Leonardo, 1979, 9, S. 205ff.
9 Hegel, ebd. S. 85
10 Nietzsche, Friedrich, Also sprach Zarathustra. Digitale kritische Gesamtausgabe. Werke und Briefe (eKGWE), 2. Teil
11 Windgeflüster. Chinesische Gedichte über die Vergänglichkeit. Hg. von O. Höllmann, (München 2013), S. 19
12 Schmidt-Glintzer, ebd.
13 Wilhelm, Hellmut, Sinn des I Ging. Düsseldorf 1982, S. 21
14 Schmidt-Glintzer, ebd., S. 37
15 Eich, Günter, Aus dem Chinesischen. Frankfurt 1976, S. 142
16 Ebd., S. 17
17 Rilke, Rainer Maria, Duineser Elegien. Frankfurt 1999, S. 23
18 Windgeflüster, ebd., S. 21
19 Proust, Marcel, Auf der Suche nach der verlorenen Zeit. Bd.3. Frankfurt 1956 ff., S. 3416f.
20 Marcel Proust, Briefe. Hg. von Jürgen Ritte. Berlin 2016, S. 1259
21 Lightman, Alan, Und immer wieder die Zeit. Einsteins Dream's. München 1996,. S. 145
22 Eich, ebd., S. 119
23 WANG Wei, Jenseits der weißen Wolken. Düsseldorf 1982, S. 111
24 Ebd., S. 150
25 I Ging. Das Buch der Wandlungen. Hg. von Richard Wilhelm. Düsseldorf 1981, S. 104, u.15
26 Windgeflüster, ebd., S. 13